テクノロジー
共存時代の新バイブル

AIを使う人事

Human relationships using AI

AIに使われる人事

Human resources used for AI

石丸晋平

Discover BP
ディスカヴァー ビジネス パブリッシング

はじめに

「ＡＩが人の仕事を奪う」という物語への違和感

「ＡＩが人の仕事を奪う」という物語が、誰の目にも現実味を帯びてきました。

現代人は、テクノロジーが世界に多大な影響を及ぼしていることを、体感的に知っています。インターネット革命が、瞬く間に日常風景を変える現実を、何度も目の当たりにしてきたからです。

そして、ＡＩはインターネット以上のインパクトを持つテクノロジーといわれています。

インターネットが仮想空間や情報産業を対象とするテクノロジーであるのに対し、ＡＩはあらゆる経済、社会、産業に関わるテクノロジーだからです。さらには「知能」という人間の専売特許を脅かす存在として、未来への希望以上に恐怖や不安を感じる人も少なくありません。

しかし、「ＡＩが人の仕事を奪う」という物語に私は、大いなる違和感を覚えます。それは、いつの時代も「今の社会をつくり、未来に紡ぐ」という尊い仕事とその役割は、今の大人たちが担っているはずだからです。いったい、誰が「ＡＩが人の仕事を奪う」未来にしたいのでしょうか。

このような質問を投げ掛けると、多くの場合、「想定外である」といった当惑の反応が返ってきます。どうやら、漠然とした不安は感じても、自分自身が「今の社会をつくり、未来に紡ぐ」という尊い仕事に就いているという認識が少ないのが現状のようです。

まさに今、私たちは未来への岐路に立っています。後世に何を残すことができるかが問われる意義深いこの瞬間、この時代に、今の大人たちは、未来への選択に関わる責任と誇りを見失ってはいないでしょうか。

人事こそ、テクノロジー共存時代の主役

さらに、21世紀はテクノロジーの超進化が前提となる時代です。ここで言う「超進化」とは、人の想像を超えるすさまじい進化を表しています。この時代の働きは、社会を分断に向かわせるのか、新たな共存共栄に向かわせるのか、重大な責任がある仕事になります。そして、未来への選択は、今を生きるすべての大人たちが決めることなのです。

そう考えると、否応なくパラダイムが変わろうとする今、すべての大人たちが社会に対する責任と誇りを持って生きることには、とても重要な意味があります。それは、人の心と意識こそが、健全な社会をつくり、次世代に未来を紡ぐ源泉だからです。究極的には、今の大人たちが、どんな心持ちで生きるかが、未来を決めると言って良いのかもしれません。

ではすべての大人たちは、このビジネスの世界でどのように生きていくべきなのでしょうか。

私は、企業の人事システムに、その答えの一端があると考えています。経営手法の発展

と確立によって、より大規模な組織を効率的に営めるようになりました。現代の社会経済における大企業の影響はとても大きいものになっています。

そして、国を挙げて教育してきた優秀な学生たちが、慣習的に大企業へ就職し続けています。

そこには、企業の職務に専門特化していくとともに、社会に対する責任と誇りが育まれにくい構造があるようです。社会を担うべきエリートが社会に無関心になっていくという、国難ともいえる社会システムの機能不全が起きています。

経済的にも社会的にも大きな影響力を持つ大企業、その舵取りを担う優秀な人々には、テクノロジーが牽引する未来への大きな責任があるといえます。そして、大企業に勤める優秀な人々が、社会への責任と誇りを回復していく、その中心に「人事」があります。

人と企業が「全機現」できる社会に向けて

私たちZENKIGEN（ゼンキゲン）は、この人事領域に対してAIテクノロジーを提供する会社です。全機現とは、「人が持つ能力のすべてを発揮する」という禅の言葉です。今を働く大人が、存分に全機現する社会は、幸せな社会であり、次世代にそんな時代を引き渡すことに少しでも貢献したい。同じ志を持つ仲間が集まり、チーム一丸となって日々の活動を行っています。

私は、この全機現というビジョンに深く共感し、2018年にZENKIGENに参画した一介の社会人です。「人は社会の財産」という想いから社会に開かれたHR(ヒューマン・リレーションシップス)をコンセプトに掲げ、人と人の「つながり」を支える人事こそが、社会を変える原動力であると位置づけて、人事チームとの協働活動に従事しています。

企業の人事チームとともに働くことで、未来は明るいと、心から思えるようになりました。それは、この仕事を通じてお会いする人事の方々が、人への誠実さを示し続けてくれるからです。その姿勢は、心から信頼できるものであり、いつも尊敬の気持ちでいっぱいになります。

「どんな社会にしたいのか」という意思を持つ経営者、人事、マネジャーや従業員の方々との巡り合いを通じて、意思がつながり合い、心を一つにしていくことが、現代をより素晴らしい社会にする大きなきっかけになると感じています。

本書は、人事という役割を主軸に置いており、企業経営者や人事、マネジャーの方々の関心事を想定しています。一方、「働く」ことは、すべての大人に関わる問題です。そのため、今の社会をつくり、未来に紡いでいくすべての社会人、人事関係者、経営者の皆さんに読んでいただくことを想定して執筆しました。

また、ＨＲテクノロジーの用い方（ハウツー）ではなく、具体的な事例を交えながら考え方やあり方を共有することに重きを置きました。根本的な環境変化に対して、持続的かつ柔軟に対応し続けるためには、画一的な方法論は役に立ちにくく、基本的なスタンスを整えることが重要と考えるからです。

本書が、「どんな社会にしたいのか」という意思を問い直すための参考となり、これからの時代に向き合うための一助になれば、嬉しく思います。

２０２１年６月吉日

石丸晋平

CONTENTS

第2章●人材を塩漬けにする企業システムの弊害

第3章●ヒューマン・リレーションシップスという人事の仕事

第4章●AIを使う人事、AIに使われる人事

第5章●「人とAIの調和」という21世紀の課題に挑む

終章●いつの時代も、今の大人が社会をつくり、未来へ紡ぐ

序章

テクノロジー共存時代の主役は、人事である

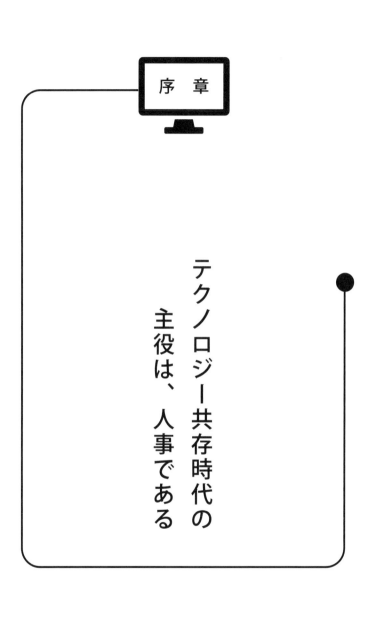

21世紀企業の行動原理

20世紀、企業は経営手法を磨き上げて、グローバルに展開する巨大な組織を統制できるようになりました。その行動原理は、エコノミー（経済性）です。いかに経済成長を実現できるか、が問われました。

一方、現代はテクノロジーが指数関数的に進化し、世の中を牽引する時代です。もはや、テクノロジーを抜きに企業経営を論じることは不可能です。そして、テクノロジーの凄まじい進化の速度を企業経営に取り入れることで、想像を超えるような成長を遂げる企業が現れ始めました。

〈図表１：企業の行動原理が変わる〉

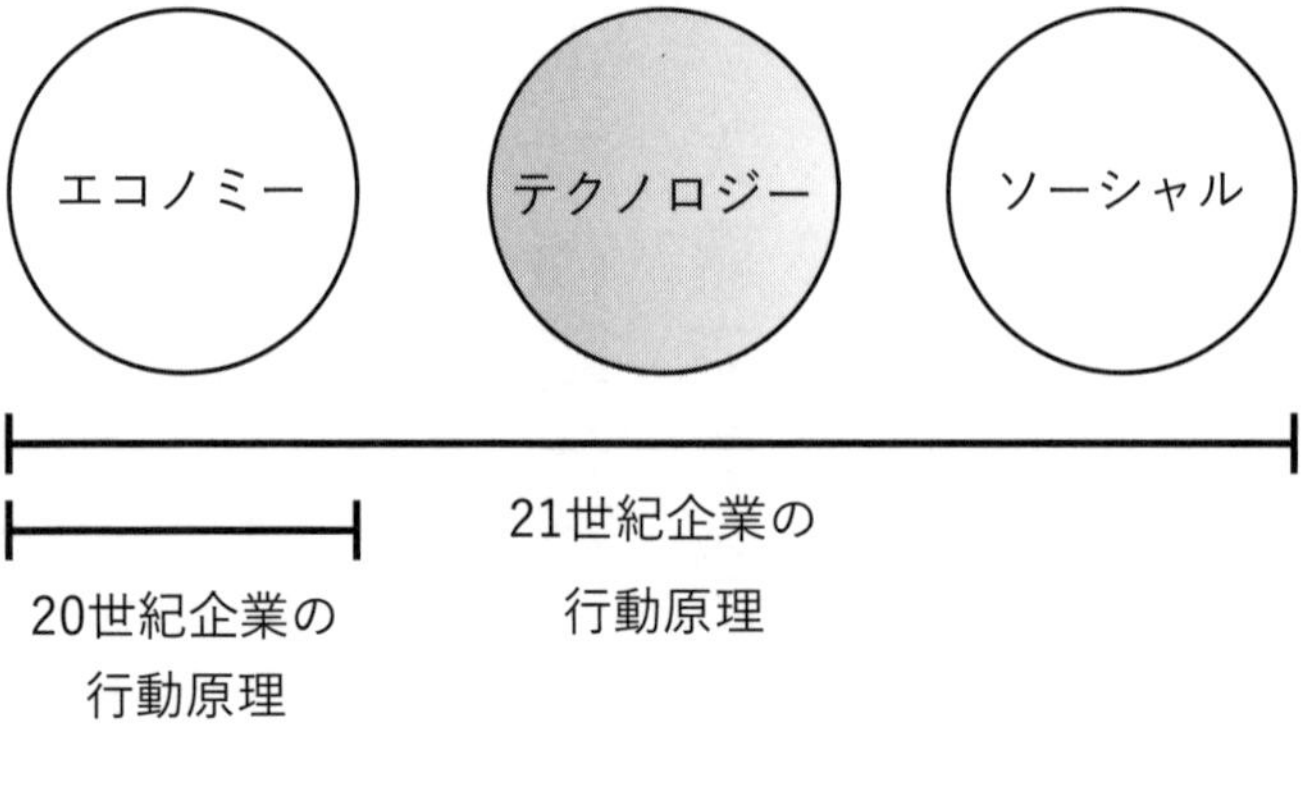

その結果、20世紀を支えてきた行動原理は、限度を超えて歪みが生じ始めました。資本主義の暴走や、限界が叫ばれています。また、気候変動や所得格差の拡大など、経済成長の行動原理にテクノロジーが加速度を与えると、地球や文明そのものが持続不可能になりかねない状況です。

21世紀企業の行動原理は、エコノミー（経済性）とテクノロジー、ソーシャル（社会性）を統合した複合原理が大前提になっていきます。世界経済フォーラムや、米国のビジネスラウンドテーブルなどを通じて、世界の経済界において、この新たな行動原理へのシフトが進んでいます。SDGs（持続可能な開発目標）やESG投資（環境・社会・

〈図表2：人事の役割は、管理から「つながり」へ〉

	20世紀の企業		**21世紀の企業**
企業の行動原理	**経済発展の単一原理**	▶	**経済性・テクノロジー・社会性の複合原理**
事業活動	**合理的かつ画期的な勝ちパターンづくり**	▶	**創造的対応と変化への柔軟性**
人事の役割	**「人材」を管理する**	▶	**人の「つながり」を生み出す**

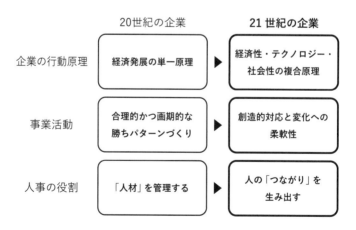

ガバナンス）が話題になっているのは、そのためです。これからは、新たな行動原理に移行できる企業だけが、投資の対象であり、「会社」としてステークホルダーに認められるようになっていくことになるでしょう。

今後、この行動原理のシフトは急激に加速していくことが予想されます。しかし、今はまだ、経済成長だけに依存する判断と行動が、企業の意思決定を支えている状況です。経営者をはじめ、あらゆる立場のステークホルダーが、根本的な価値観や常識から疑い、変えていかなければ、現在の延長線にある未来は、20世紀の企業原理のまま、社会を分断に向かわせてしまいかねないと思います。

産業革命以降、エコノミー（経済性）とテクノロジーはとても相性の良い関係です。それは、技術開発がＧＤＰなどの経済指標をベースに行われており、社会性を維持・発展させる指標を持ち得ていないことが一因となっているからでしょう。

テクノロジー超進化と労働に関する社会課題

テクノロジーが指数関数的な進化を遂げる現状では、働き方に大きな変化が現れています。

世界的なベストセラー『サピエンス全史』の著者、歴史学者・哲学者のユヴァル・ノア・ハラリ氏は「このままいくと無用者階級といわれる、いわゆる社会に参加できない大人たちが増えてくる」と警鐘を鳴らしています。労働者の収入源がなくなる、という経済的な面だけが問題ではなく、労働を通じた社会参加の機会が失われることで、アイデンティティのない大人が急激に増加し、負の連鎖が強化されることを問題視しているのです。

無用者階級の実態は、経済成長の象徴とも言えるグローバリゼーションによって、安い労働力、生産力を追い求めた結果、産業の空洞化によって衰退した都市で、すでに社会問題として顕在化しています。その実態は、J・D・ヴァンスの『ヒルビリー・エレジー　アメリカの繁栄から取り残された白人たち』などに、その由々しく厳しい現実が描かれています。米国で株主資本主義が見直される背景には、人の尊厳に関わる目を背けたくなる現実があります。もし今後、無用者階級が量産される事態が現実味を帯びてくるならば、現代の大人たちは「社会の舵取りを失敗した」と捉えられても仕方ないでしょう。

近代は、能力や実績によって社会的地位が決定するメリトクラシーと呼ばれる社会原理を前提としています。それは生まれや身分が社会的地位を決める前近代に対し、より平等な社会である一方で、イギリスの社会学者マイケル・ヤングは、メリトクラシーの行き着く先は能力の秀でた一部のエリート階層が、労働者階層を支配する構図になると予想しています。

フランスの知性とよばれる歴史人口学者のエマニュエル・トッドは、「現代の教育が、社会階級を再生産し、格差拡大の原因となる」ことを指摘しています。経済が世界を牽引するなかで、企業の影響力は増大し、世間における能力を規定するに至りました。その結果、教育機関は企業が規定する能力を教え、企業に従属するエリートを育てる場に変容しています。現代のエリート、あるいは優秀な人材といわれる方々が、企業の規格において優秀だが、もし企業の利益のみを追求し、格差拡大を容認するなど社会に対する責任や誇りが欠落してしまうとすれば、その原因はここにあります。

高度な教育を受ける優秀人材が、社会への貢献と義務を果たさないならば、エコノミーとテクノロジー、ソーシャルを統合した新たな行動原理における企業の舵取りを、誰が担うというのでしょうか。

「生涯労働社会」に求められるグランドデザイン

現代は、人生１００年時代といわれる人類史上最も寿命の長い時代です。

少子高齢の社会構造から社会保障制度は崩れ、「1億総活躍社会」という言葉が生まれました。これは、定年退職や老後という考え方がなくなり、いつまでも健康で働く人生設計へのシフトを想定しています。見方を変えると、社会の公助が効かなくなって、自助によってのみ人生が全うできるような生活、人生のデザインが必要ということです。人生１００年時代と1億総活躍社会を言い換えるならば、生涯労働社会の到来とも読み取れます。

企業や事業の寿命が短くなるなか、個人は生涯労働による自立を強く求められます。「労働寿命 ＞ 企業寿命」という現実問題が顕在化しています。自己責任で、自ら生計を立てなければならないならば、労働者間の競争も激しく、余裕がなくなることが想像できます。不安や焦燥感からくる転職も増えるでしょう。

さらには労働への不安が募る今、企業は拍車をかけるようにＤＸ（デジタル・トランスフォーメーション）の活動を加速させています。ＤＸとは、合理的な経営の追求であり、究極的には自動化・無人化への変革です。資本とテクノロジーだけが企業の経済活動を構成する状態を目指した活動という面を持っています。私の少し心配性な性格もあって、今を働く社会人が、ＤＸという名の自動化・無人化を熱心に推進している状況を危惧しています。この仕事の先に、どんな未来を残そうというのでしょう。

「ＡＩが人の仕事を奪う」という恐怖のシナリオの席巻は、今の大人たちの社会関与と責任の弱まりを表す事象なのかもしれません。それは、社会的な地位や立場を規定するルールが変わりつつあるからだと考えています。

私は、メリトクラシー（能力主義）という社会原理は機能不全に陥りつつあると思っています。それは、企業組織が能力を規定できない状況になりつつあり、能力主義を支える基盤が崩れ始めているためです。

今や、能力を評価する母体は市場原理に委ねられています。「新卒１０００万円の人材」などが話題になりましたが、希少な能力の値が上がり、供給量の多い能力は値が下がります。それが市場原理です。つまり、希少な能力を獲得すれば社会的な立場を得られるが、獲得できなければ社会的な立場を得にくい状況が過度に進行しているように思えます。能力の値動きや、獲得コストが高まるようであれば、多くの人が働きにくく、社会参加し辛い原因となっていきます。

また、社会人が、1つの企業で働く期間は短くなっており、企業は個人に「自立」を求めるようになりました。能力主義の前提では、自立できる「能力」の獲得が喧伝されます。もちろん、能力は大切です。自分ならではの能力を獲得して評価されるならば、それは素晴らしいことです。一方で、能力を評価されない人は、どのように「自立」すればよいのでしょう。

行き過ぎた能力主義の環境下における「自立」には限界があり、すでに、多くの社会人にとって勝ち負けの二極化が深刻に進行しているように思います。

私は、「自立」のために最も大切なことは、人と人の「つながり」だと考えます。言い換えると、社会関係資本です。頼れる人がいて、頼ってくれる人がいること。この信頼と絆が「つながり」です。「つながり」は、人の尊厳を守るための基礎となります。地方経済では、当たり前に存在した「つながり」が、都市の一極集中の裏側にある地域コミュニティの破壊という文脈の中で、時間をかけて衰退してきました。

これからの時代、社会や企業が個人に対して「自立」を要請するならば、「つながり」

を支える機関が求められるようになるはずです。

テクノロジー共存による「つながり」の時代をつくろう

いつの時代も、今の社会をつくり、未来に紡いでいくことが、社会人であり大人の務めです。今より暮らしやすい未来にするも、暮らしにくい未来にするも、今を働く社会人の判断と行動に委ねられています。

エコノミー（経済性）と結合したテクノロジーの進化は、労働者や社会と不仲な関係を助長します。そうした現代社会の慣性の力を正しく理解し、テクノロジー共存の時代をつくるために、エコノミーとテクノロジー、ソーシャルという21世紀の行動原理をバランスさせる仕事こそがDXの本質であるはずです。そして、その極めて重要な役割を担うのが「人事」であると考えています。ここでいう人事とは、人に関わる仕事全体を指しています。ゆえに、人事部門という組織機能に限らず、HR領域のAIテクノロジー開発者や事業経営・活動に携わる人に関する活動を踏まえた広義な捉え方をしています。

人は、社会の財産です。

人事の普遍的な価値に立ち返るならば、人と向き合い、不安を緩和し、個人の自立を支える活動のためにテクノロジーを駆使する発想にたどり着きます。もはや、労働者をかき集めて、自社のためだけに活用する人事活動は時代遅れになり、人と人の「つながり」を支えることが求められるようになると考えています。

社会原理と構造から紐解いてみると、この変化の兆しがさまざまな事象としてすでに現れていることに気がつきます。

パラダイムが変わる過渡期であり、未来への分岐点である今、人の「社会参加」と「つながり」を支える人事について、考えていきたいと思います。

この章のまとめ

・21世紀企業の行動原理は、エコノミー（経済性）とテクノロジー（技術）、ソーシャル（社会性）を統合した複合原理が大前提

・今後、無用者階級なるものが本当に増大していくとすれば、それは私たち現代の大人の舵取りが失敗したということになる

・企業寿命よりも労働寿命のほうが長いという社会においては、個々人の自立がますます大切になる

・新たなテクノロジーを活用し、人の「つながり」を支えることで、個人の自立を促すことが重要な人事の役割となる

第1章

日本人の労働観こそが、テクノロジー共存の道標

「働く」ことの、これまでの日常の終わり

2020年、地球全体で新型コロナウイルスが猛威をふるいました。被害を受けた方や医療関係者、いまだ苦境にあえぐ方々の現状を考えると身につまされる思いです。コロナ禍における想定外の環境変化は、従来の常識をことごとく壊し、人と社会の脆さを感じざるを得ない状況を現実のものとしました。

不要不急の外出自粛、経済活動の停止により、さまざまな産業が甚大なダメージを受けました。その結果、「仕事を失う」人も増加傾向にあり、予断を許さない状況が続いています。私自身、毎朝、満員電車に揺られ、オフィスに出勤し、同僚と和気あいあいと会話して、懸命に働く、これが日常でした。今や、仕事の近くには家族がいて、オンライン会議の先に、相手の子どもや家族が登場することも当たり前になりました。同僚や家族との距離感が変わったことで、新たな人間関係の問題が生じやすくなりました。

本書を書いている2021年4月現在、コロナ禍の終息はまだ見えませんが、ワクチンの接種が始まっています。いつかは、私たちはコロナ禍を抑え込める、少なくとも共存

できる時がやって来ると信じています。しかし、コロナ禍によってもたらされた新常態（ニューノーマル）のすべてがリセットされて過去に戻ることはないでしょう。これまでにも確かにあった潜在的な社会の歪みを、コロナ禍が顕在化したという面もあります。たとえば、私たちの働き方においては、リモートワーク、在宅勤務が急速に普及しました。それにより、「働く」ことのデジタル化が加速度的に進み、新たなノウハウの獲得、改革がありました。

私は、新型コロナウイルスが、労働、改め「働く」ことのあり方を根本から揺さぶり、問い直したのだと感じます。

これまで、さまざまな痛みや疑問があったとしても、繰り返してきた「働く」ことの、これまでの日常が終わり、新たな可能性への道が開かれた出来事でもあったのだと思います。

そもそも「働く」とはどういうことなのでしょうか。なぜ私たちは働かなくてはいけないのでしょうか。

企業活動から見れば、それは価値の「生産」に貢献する行為です。激しいグローバル競争が、極めて一般的になってからは、過去とは比較できないほどに、個人のパフォーマンスや生産性、時間効率を高める絶えざる努力が問われ続けています。

一方、働く側から見れば、「収入」を得る行為です。提供した労働が評価され、その価値に見合う対価を得ることで、暮らしを営むことができます。雇用主の「生産」に貢献することで、それこそ労働者は「収入」を得ることができるわけです。「労働」という言葉は、この二者の間でも成立します。

ところがここに、見逃しがちですが、極めて重要な第三の側面があります。それは、「社会参加」という側面です。

私たちは、初対面の方と話をする際に「お仕事は、何をされているのですか?」と互いの社会属性を確認し合うことが少なくありません。これは、互いの「社会参加」の状況から個人を識別している行為といえます。

たとえば「消費財メーカーで営業活動を行っている」「システム構築プロジェクトでエンジニアリングを行っている」「商店街で酒屋を営んでいる」「フリーランスとして知人の会社の経理を手伝っている」。これらすべてが、社会的なアイデンティティ(個人の識別)に深く関わっています。

どんな仕事をしているか、自信をもって説明しにくい場合、居心地の悪さや、居場所のなさを感じやすいはずです。特に、労働に費やす時間や心労の多い方にとって、働くことを通じた「社会参加」というアイデンティティは、個人の尊厳に関わる問題です。派遣労働者やフリーランス、ブラックな職場が問題になる場合、「収入」の側面に加えて、この「社会参加」の側面を無視できません。

私たちは、企業活動の価値の「生産」に貢献することで、対価として「収入」を得るために働きますが、それだけではなく、働くこと自体が「社会参加」という、社会の中に自分を位置づける行為でもあるのです。

そんなふうに自らのアイデンティティの形成や尊厳に関わるからこそ、「働き方」は、「生き方」に通ずる大切な行為だといえます。

コンビニの「おばちゃん」が社会を照らしていた

学生時代、私が長く続けたアルバイトに居酒屋のフロア係がありました。深夜まで働いて、バイト明けに当時住んでいたアパートに近いコンビニエンスストアに寄って、立ち読みをするのが日課でした。

静かな店内で漫画などを読んでいると、時折、若いバイトを叱りつける女性の声が聞こえてきました。最初は少しびくっとしましたが、すぐに、「今日もやっているな」とほほえましく思えるようになりました。きっと、客もまばらな深夜の時間帯だからと、だらしなく働く学生アルバイトにはっぱをかけていたのでしょう。

叱るだけではなく、その「おばちゃん」のよく通る声は頻繁に聞こえました。常連客に声を掛け、笑いながら場を盛り上げていくのです。レジ周辺は、あたかも世間話に花が咲く、井戸端の風情です。お客さんは一様に笑顔になって帰っていきます。

コンビニでの仕事は、マニュアル通りにこなすのが基本で、悪く言えばやらされ仕事の代表だと思われがちですが、それはほんの一面に過ぎないということに気づかされます。

確かに、やらされ仕事として、ひたすら黙々と作業をしているアルバイトも少なくないことでしょう。「おばちゃん」は多分、そういう態度が、本人のためにならないからこそ、我慢ならなかったのだと思います。

かくいう私もその「おばちゃん」に話し掛けられて、元気をもらっていた一人です。私の健康や懐具合を気にかけてくれ、何かとお節介を焼いてくれました。下町の商店街にある、たとえば八百屋のおかみさん、学生街の定食屋の親父さんと同じノリです。多分、マニュアルから言えば、それは褒められた行為ではないのでしょうが、周りの皆を元気にする、その働きぶりというか、生き様は、見ていて本当に嬉しくなるほどでした。

多分、「おばちゃん」のファンは少なくなかったと思います。

そんな「おばちゃん」の姿を思い出して、私は「なぜ働くのか？」ということを改めて考えたのです。

「働かざる者、食うべからず」などという言葉もありますが、前述したように、食べるために働く、生きるために働くというのは、労働の一面を語っているにすぎません。大学を卒業すれば、誰もがどこかで働くことになります。正社員として企業に入れば、人生の非常に多くの時間を費やして「働く」ことになります。それがただ、お金を稼ぐためだけであるとしたら、人生の何割を、食べるためだけに費やすことになるのでしょうか。きっと、「働く」ことには、もっと大きな意味があるはずです。

「おばちゃん」は知らずと当時、バイトで疲れていた私にも活を入れてくれていました。「働く」には、人が動いて、傍（はた）を楽にするという意味があるともいいます。その意味するところを、一人ひとりの大人が噛みしめてみることが大切ではないでしょうか。「働く」とは、生きるためのすべてであると同時に、社会参加の手段であり、自分を活かすための道なのだと、そんなことまでその「おばちゃん」に教わったように思います。

「おばちゃん」の給与は時給です。ただ黙々と仕事をしていても、そんなふうに傍に働きかけながら仕事をしていても手取り額は変わりません。だとしても、その人と、周囲にいる人々の人生の充実度は明らかに違います。それに、少なくとも話しかけられた私の人生は、そのことで少しだけ豊かになったことは間違いがありません。

お節介とは、用語としては「余計な世話焼き」ということですが、たとえば仏教では、傍を助ける行為だといわれます。「おばちゃん」は、お節介な人でした。そんな「おばちゃん」が教えてくれたことは、「働く場とは、社会に参加し、人と人とのつながりを作る場」だということです。役割がどうのではなく、働くこと自体が人生を豊かにするチャンスを与えてくれるものだということです。

これはまさに、古くからある日本人らしい「労働観」なのです。

私たち一人ひとりが、あの「おばちゃん」のように、心のつながりを持って社会に参加し、お互いに人生を豊かに過ごすことができれば、社会はきっと、大きく変わります。それを助けるのが、人事という「人に関わる仕事」の重要な側面だと思っています。

どんな立場であっても、コンビニの「おばちゃん」が教えてくれたように、社会関係資本と呼ばれる人とのつながりに関しては、差異がないのです。自分の努力によって、制限なく社会関係資本は増やしていけるのです。その点が、これからの「働く」ということに関するグランドデザインの重要な側面なのだと思います。

「一隅を照らす」という、日本ならではの労働観

「おばちゃん」は、まさに一隅を照らす人でした。

「一隅を照らす」とは、天台宗の開祖である最澄の言葉です。

「一隅を照らす、これ即ち国宝なり」が正確な言葉です。一隅とは片隅のことです。一人ひとりが片隅を照らす光になる。誰も注目しないようなことに、その場にいる一人ひとりがしっかりと取り組むことこそが重要であり、そういう人こそが国の宝であるという意味です。全体を照らすなどと大言を吐く必要などないのです。一人ひとりがその場を照らせ

ば、それで自ずと全体が照らされるわけです。

だからこそ、著名人でなくても、大きな権限など持たずとも、どんな立場にあっても、自分のいる周囲を照らすことができる人たちこそが大切なのです。

高望みをする必要はなく、無理にいる場所を変える必要もなく、今いる場所で希望の光を灯せるかどうかです。

これは古来の知恵です。市場価値が極めて高く、多額の年収を得られる人だけが社会の財産なわけではないのです。そうした経済原則の見方とは次元の違う日本の英知です。

現代の常識だけでなく、そうした英知によって新しく社会をデザインし直すことが今求められていると思います。

また、「一隅を照らす」前に、「自らを照らす」という一言を添えている老師もいます。まず自分を持つ。自律であり、自立です。自分に自信を持ち、そのうえで一隅を照らすという意味です。もっともな解釈だと思います。

この考え方、もっと言えば、生き方こそを、現代のテクノロジー全盛の時代に改めて思い起こすことが重要なのではないでしょうか。

まさにコンビニの「おばちゃん」の生き様は、自らと周囲を照らしていました。社会の端々で、社会に参加をしている社会人が、雇用制度に縛られたり、会社のルールに縛られたりするという側面があるということは認めたうえで、何であれ、主体としてそこにいるという事実こそが大切です。自分の人生を決断する主人公として存在している以上、自分がいる場を変える以前に、どんな場所にいても、心のありようは変えられるということなのだと思います。果たして自分は自らと周囲を照らしているのか。一人ひとりが自問自答することで、場所や境遇のせいにしない主体性が芽生え、育まれます。そうすることで、周りの見え方が変わり、時間の過ごし方が変わり、人とのつながり方が変わり、働き方も誇れるものになっていくと思います。

どのようなかたち、立場でも社会参加ができる。その機会を与えられる社会になるならば、本当に素晴らしいことです。そうした社会は、理想的なありようの一つだと思うのです。

こうした「一隅を照らす」働き方を、現代の日本社会で誰もが実践できればいいのですが、そうはなっていないようです。日本ならではの働き方について、もう少し紐解いて考えてみたいと思います。

企業寿命よりも、労働寿命が長くなる時代

日本は世界に冠たる長寿企業国家です。世界中の創業100年以上の企業の半数近くが日本企業で、創業200年以上に絞ると、その比率は65%にまで上ります（帝国データバンク、ビューロー・ヴァン・ダイク社のOrbisの企業情報：2019年10月調査より）。それだけ安定的に社会に貢献してきた老舗企業が多く、また財閥を形成して日本の経済発展を担ってきました。これは大変誇らしいことです。

しかし一方で、こうした背景があるがゆえに「企業は簡単に潰れない」「特に規模の大きな有名企業は安泰である」という感覚が日本人には強く根付いていることも事実です。このいわば常識が、これまで終身雇用を日本の雇用制度の基本としてきたベースに存在したわけです。

「就職ではなく就社」「一つの会社に自分の人生を預ける」という概念もそこから生まれています。

ところが、そうした常識は、いつの間にか崩れ始めています。長寿企業が多い一方で、

企業の平均的な寿命は今では30年と短くなっています。安定した右肩上がりの景況という一時代の日本の姿は今は久しく、企業を経営する環境は大きく変化し、その厳しさを増しています。そのため、企業の平均寿命はさらに短くなると予想されます。

この間、人間の寿命は長くなっています。医学の進歩もあって、健康寿命も長くなっています。「人生100年時代」が現実のものとなりつつあるのです。

その結果、一部の長寿企業を除いて、一般的な企業の寿命は一人の人間の労働寿命よりもすでに短いのです。

長く元気で働ける。もし働くことが生きるための糧でしかないとしたら、これは苦痛かもしれません。しかし、本書で主張しているように、働くということが社会参加を意味するとすれば、これは素晴らしいことではないでしょうか。1社に縛られることなく、長い人生の中で転職も含め、多様な働き方、職種を経験することもできる。仕事とともに、多くの人生経験ができるわけです。

もちろん、環境が変化すれば、ストレスが高まります。変化への対応力やレジリエンスと呼ばれる回復力を個々人が高める必要があります。好奇心を失わず、その都度、「働く意味や価値」を問い直すことも重要です。そうした真摯な姿勢さえ失わなければ、働く人生は楽しいものになるはずです。

個々人のそうした生き方を後押しするためにも、「働く」ことのグランドデザインを企業の人事が中心となって、社会全体として再構築していく必要があるのだと思います。

人事の役割は管理から「つながり」へ

企業の行動原理、事業活動、それにつれて人事の役割も、大きな転換期に突入しています。最大の要因は、指数関数的に進化を続けるテクノロジーです。そこに、莫大な投資が集まることで、新たな発明から社会実装までの時間が大幅に短縮しています。そして、世界を席巻する巨大企業、テック企業が誕生しました。グローバリゼーションとテクノロジーが結合することで、過度な企業競争、安価な労働力の追求、産業の空洞化などが進みました。労働と生産の省力化・無人化により、働き手の居場所は失われてきました。さらには、企業は経済合理性を重視するあまり、さまざまな社会問題を生み出し続けています。

経済発展だけを目指す時代の経営、つまり利益の増大を一義とする経営は画一的な勝ちパターンを信奉し、人事はそのパターンに見合うように従業員を教育し、役割を与え、画一的な手順と方法論を重視させてきました。これまでは、そのやり方が常識であり、企業共通の考え方でした。

しかし今後は、すべての企業には技術の指数関数的進化と、これまでになかった環境変化に対応するため、さまざまな意味でのイノベーションと価値創造が求められるようになります。組織のありようも、個々人のスキルやモチベーションも、大きな方向転換が求められます。人と組織が根底からそのあり方を変えようとする今、その先頭にいるのが人事なのです。

経済発展を目指すだけの人事（管理）から、環境変化に対応した新しい組織のあり方を目指す人事への転換が求められているわけです。

産業革命という技術革新が、人の仕事を脅かしたのだとか、むしろ新たな雇用や仕事を生み出したという議論があります。過去を振り返れば、恐怖心からラッダイト運動のような機械破壊運動さえ起こりました。結果論として、人の仕事を機械が代替するとともに、新たな雇用が生まれたといえます。重要な視点は、産業革命が工場の生産力と、物流の移動力を飛躍的に高めた結果、グローバリゼーションと相まって、「産業の空洞化」という現象が起こり、ある地域や役割にある人々の仕事を奪ったという事実です。産業が急速に衰退した都市や地域の悲惨さは、人や社会に対してとても暴力的です。また、インターネット革命は、情報の記録や伝達に関する仕事を奪ったこと以上に、物理的な空間を超えて「安く、早く、便利な労働力」に仕事を依頼しやすくしました。その結果、労働者はグローバルでの個人間のスキル・実績の競争に晒されるようになりました。企業が経済性を追求する以上、エコノミーとテクノロジーは強固に結びついて、労働者に対しては過酷な現実を突きつける構造になりやすいのです。

弱い立場の労働者や、雇用の不安定さが社会の脆弱性につながるため、企業のあり方も変わらざるをえない事態になってきました。

2019年8月19日に、米国の主要企業が名を連ねる財界のロビー団体であるビジネスラウンドテーブルが、企業トップ181名の署名の入った声明文を発表しました。この声明は、ビジネス界に大きなインパクトをもたらしました。

これまでの株主資本主義を否定し、ステークホルダー資本主義への転換を宣言したのです。企業は、自社の利益の最大化だけを追い求めるのではなく、従業員をはじめ、すべてのステークホルダーにとっての価値を追い求めるということを、以下の文面で表しました。

「どのステークホルダーも不可欠の存在である。私たちは会社、コミュニティ、国家の成功のために、その全員に価値をもたらすことを約束する」

近現代の経済界を支えてきた価値観を書き換えるようなことが起こっています。

またフランスでは同じく２０１９年、「使命を果たす会社（Entreprise à Mission）」という法律が制定されました。この法律には、企業は利益以外の社会や環境の改善という目標達成にも責任を負い、「株主価値の持続的向上と社会、環境問題解決の両立を図ることを定款に定める」と明記されています。

これを受けて、フランス食品最大手のダノンが上場企業の第１号として、株主総会の承認を経て、そのモデル企業となることを採択しました。同社は定款を変更し、ＥＳＧに関連する「製品を介した健康の改善」「地球資源の保護」「将来を社員と形成すること」「包摂的な成長」という新たな４つの目標を盛り込み、循環型のサイクルを目指すと宣言しました。

これはまさに、資本主義の新たな取り組みです。こうした行動原理を採用しない会社は、もはや会社ではないとさえいえる時代に突入しようとしているのです。

こうした動きで明らかなように、世界各国の企業が、エコノミー（経済性）偏重の行動原理を改め、エコノミーとテクノロジーとソーシャルを統合する新たな行動原理に、大きくシフトする動きを見せています。20世紀型企業のままの行動原理では、もはや地球や社会、人々の営み自体がもたなくなってきているからです。企業経営の原理の変化は当然ながら、事業活動を前提から変えます。前提が変われば、経営のあり方が変わり、その目的が変わり、さらには、働き方や人事の役割をも変えていきます。

しかし、急速な変化は組織の機能不全をもたらしかねません。人々は混乱します。その交通整理をしなければいけないのが「人事」です。人事は、まず自分たちのありようを変え、そのうえで、これまでの人的資源の管理という立場ではなく、人的資産の価値を引き出すという立場にシフトします。価値を引き出すとは人の自立を支えること、すなわち個人の社会参加をサポートし、互助のネットワークを機能させる役割に変わっていくことが求められるのです。人の自立を支えることを「能力開発」とすることが、一般的な共通認識ですが、能力の開発や習得の時間よりも、前提が変わるスピードが速い場合や、突出した能力を獲得できる人材の発現率を考えてみれば、すべての働き手を「能力開発」でサポートすることは不可能だとすぐに理解できます。むしろ、完全に独力で生き残るような人は、社会参加していないとも言えます。多かれ、少なかれ、人との「つながり」と支え合い、助け合い、互いの能力の磨き合いを行えるコミュニティ（信頼関係）を形成しなければ、変わりゆく環境への柔軟性や、生きやすさ・働きやすさは確立できないでしょう。

企業組織には、ハードとソフトの2つの面がある

組織とは、その集合体である企業の目的があり、その目的を実現するための組織機能があり、その機能を動かすための人の能力が配置されるという構造で成立しています。

企業は営利組織ですから、企業の目的は、基本的には利潤を上げ、会社が将来にわたり事業継続していくことを前提にしています。また組織の機能とは、巨大な組織の構造であり、それぞれの働きを示します。つまり、マーケティング機能、生産機能、物流機能、販売機能、研究開発機能、人事機能という規定された働きです。この機能が果たす働きを統合していくことで、企業の目的を果たすことができます。

そして、この組織の機能を予定通りに稼働させるために、組織機能の要件に合う能力を持った人物が採用・配置されます。配置された人物が、予定通りの能力を発揮し続けることで、組織が機能し、その結果、企業の目的が果たされるというわかりやすい構造になっています。対象となる人が、予定通り能力を発揮すれば高い報酬を与え、予定を下回れば報酬を限定する、教育を強化する、などの施策により、できる限り予定通り組織が機能し、運営される状態が保たれます。

組織とは、どれだけ巨大であっても、一見、シンプルな構造です。しかし、詳細に見てみると実は非常に複雑であり、この組織構造を正確かつ高度に、予定通り運用するには、大変な労力が必要になります。

そして、組織にはもう一つ、この構造とは全く異なる側面があります。

ヤミ研（闇研）という言葉をご存じでしょうか。業務として正式に認められていない、会社非公式の企画や研究開発のことを指します。実は、イノベーションやヒット商品は、このヤミ研から生まれるケースが少なくないといわれています。より卑近な例を示すならば、タバコミュニケーション、飲みニケーションから改善案が生まれたり、意思決定が進んだり、モチベーションが復活するということを、多くの方が経験していると思います。

全く異なる組織の側面とは、つまり、そうした人と人の「つながり」です。この「つながり」は、組織構造には予定されていません。個人の意思と感情に基づいて、偶発的に、自立的に、信頼関係を育みながらネットワークを構成していきます。

つまり、企業組織には、企業目的を中心に、機能と役割配置によって構成される組織のハード面（構造）と、個人の意思や感情を中心に、信頼関係によってつながり合う組織のソフト面（要素）という2つの異なる側面があるのです（図表3参照）。

そして、人事の役割といえば、そのほとんどが組織のハード面の運営です。一般的に人事とは、採用から配属、評価や教育を

〈図表3：人事のハード面とソフト面〉

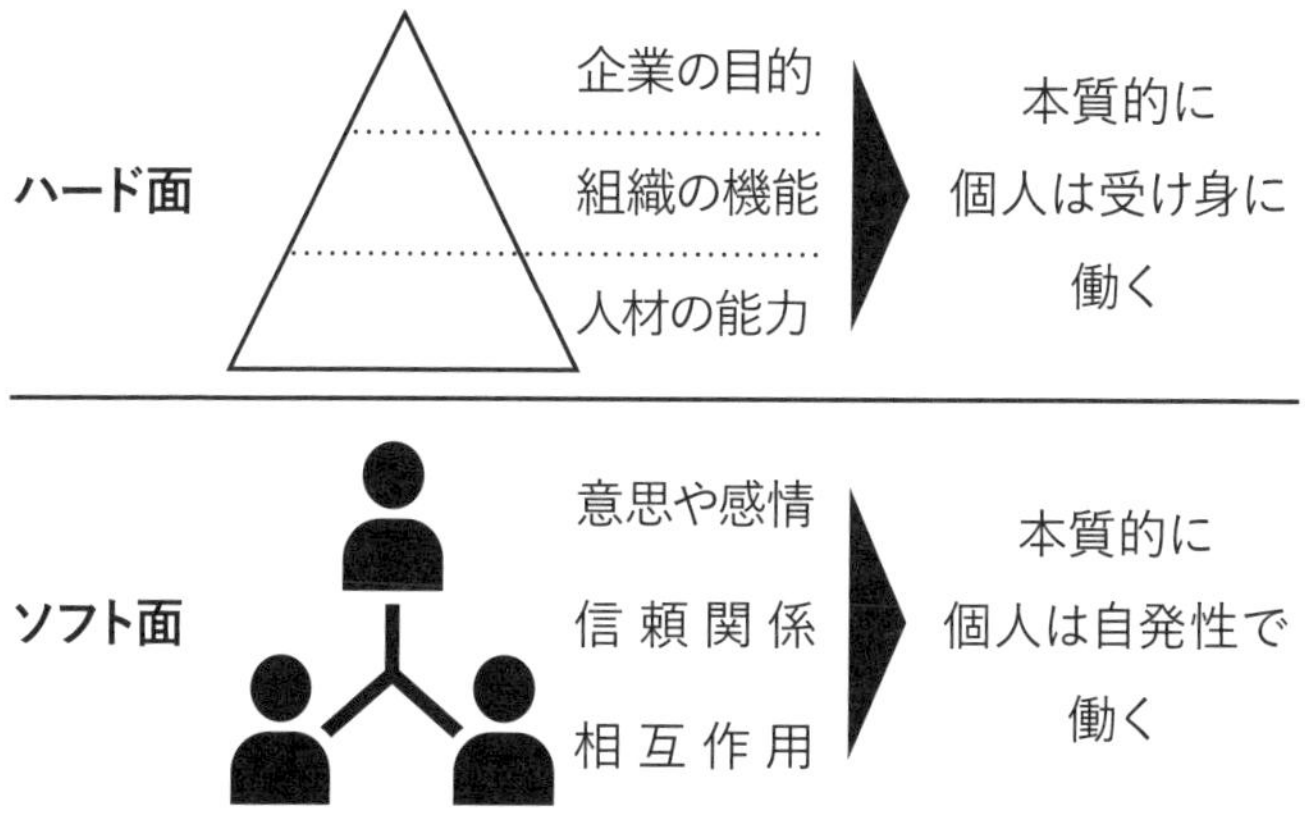

司る組織機能のことを指します。この人事の役割は、事業の計画に基づき、確実性をコントロールすることです。昨日と変わらない今日、そして明日が来ることが大前提です。だから計画できるのです。

しかし、今や、前提から経営環境が変化する時代です。パンデミックによって経済活動が停止することも、リモートワークが急速に普及して、狭小の賃貸ルームから業務参加することも、誰にとっても想定外でした。残念ながら想定外な状況においては、ハード面のシステムは正常に稼働しません。限定した稼働をするか、復旧を待つことになります。代わりに、組織の表面に浮かび上がるのがソフト面です。つまり、人と人のつながりから、不測の事態への対応や連携、そして連帯が生まれるのです。また、昨日とは異なる今日は、人に大きなストレスを与えます。場合によっては、一部の役割や、弱い立場の方などに、過度の負担を引き受けさせる状況が起こります。このような過度なストレスや負担、ダメージは、避けられない場合があることを我々はパンデミックから学びました。そして、人と人の「つながり」があれば、レジリエンス（回復力）を効かせて、日常を取り戻せることを社会全体が、等しく学ぶことになったのだと思っています。

組織の二面性です。ハード面では組織のピラミッド構造を引き継ぎ、合目的に人材の能力を引き出そうとします。その結果、個人はワーカーとして、受け身に働くことを求められます。対してソフト面は個人の意思や感情を重視し、信頼関係を醸成し、そして相互作用を引き出すことを目的とします。その結果、個人は自発的に働くようになるのです。

新しいものは自発的な相互作用から多く生み出されていくものなので、非常に重要であるにもかかわらず、これまでは人と人とのつながりは目に見えにくく、コントロールしにくいために顧みられないこともしばしばだったのではないでしょうか。確かに、人間関係は複雑であり、人と人との意思疎通を推進することは決して簡単なことではありません。

だからこそ、不確実な時代の経営において、ソフト面の組織を活性する人事が求められると考えています。

職場に、絆のつながりを取り戻そう

アメリカでは、成人の4割が孤独を感じているという調査結果をご存じでしょうか。孤独とは、社会的なつながりが不十分だと感じる主観的な感覚です。主観的な感覚なので、確かな実態をどの程度示す結果なのかはわかりません。しかし、孤独を感じやすい状況が確かにあるのかもしれません。

イギリスでは、２０１８年に世界初の「孤独担当大臣」が任命されました。孤独とは社会課題であり、1日にタバコ15本吸うことと同等の健康被害があること、雇用主には、年間25億ポンド（約３７００億円）、経済全体では３２０億ポンド（約４・７兆円）の損失を与えるという試算を出しています。

また、同じく２０１８年のハーバード・ビジネス・レビューには、企業に広がる病として「職場の孤独」が紹介されました。孤独はストレスを引き起こし、ストレスホルモンであるコルチゾールの値を引き上げ、身体の炎症レベルを高めてしまう。その結果、心臓病や糖尿病、うつ病、肥満、早世のリスクを高めるという影響が解説されています。人が集い、共通の目的を果たすための企業組織には、いつの間にか「孤独」が蔓延し、経営課題の主題として取り上げられる状況であることに、強い驚きを覚えました。

組織機能を分解して、役割を規定するハード面の構造にとらわれすぎると、組織運営上のネガティブな部分が生じやすくなります。マネジメントや人事に関わる方々は、機能分業型の組織運営の特性として、人と人が互いを機能や役割で認識していくことを理解しておく必要があります。これは、哲学者のマルティン・ブーバーが指摘する「我—それ」の関係です。つまり、マーケティング担当、エンジニア、A社の担当営業、部長、プロジェクトリーダー、社長などと役職や役割、所属組織で識別することを指します。

「我—それ」という関係性のメリットは、相手がどんな人物であれ、組織が機能することです。その反面、デメリットは相手を人というより、役割や機能で識別してしまうことです。そのため、効率を上げるほど絆が育まれにくく、ひどい場合には、予定通りに機能しない人物への精神的な暴力（ハラスメント）に発展してしまいます。相手が「それ」という機能や役割のため、歯止めが効かなくなるのだと思います。

組織において、「我—汝」という人と人の関係を再び育むことの重要性が増しています。「最近、2人目のお子さんが生まれたAさん」「アニメが大好きなBさん」「恋人募集中のCさん」など、相手が人間であることを冷静に思い出してみれば、誰しもが礼儀や配慮、信頼を築くことから始める重要さに気がつくはずです。組織には、これほど当たり前のことを、すっかり忘れさせてしまう構図があるのだと、目を背けずに理解しておくことが大切なのだと思います。

シンプルな組織の構造、組織のハード面ばかりが共通認識となり、人と人の意思や感情に基づくつながりがないがしろにされる背景には、企業の経済性の追求という原理が働いています。生産性や効率の追求は、組織に対して過度なスピードを要求することになり、組織機能を支える人を急かし立てる行為に行き着きます。さらに、現代はテクノロジーの急速な進化により、さらなるスピードの要求が強化されています。人が焦り、不安になり、高いストレス環境におかれるのは、意図された当然の結果だと言えます。そして、相対する人を機能や役割で認識して、絆がなくとも連携できる関係（ビジネスライクな関係）に留めておく……孤独感が蔓延する理屈もわかります。

いかなる環境であっても、人と人は信頼関係を築くことができます。むしろ、大きな成果や誇りの持てる仕事に取り組むためには、信頼と絆で結ばれたチームになることが前提です。そして、人との絆を感じるとき、働く一人ひとりが「一隅を照らす」存在になり得るのではないでしょうか。

限度を超えて経済性を追求してきた既存の延長線上に、テクノロジーの活用を考えるのではなく、ソーシャル（社会性）という人間らしさ、絆のあるつながり、コミュニティを育むために、テクノロジーの活用を真剣に考えてみることこそ、現代の企業人の共通テーマではないかと思います。

この章のまとめ

・働くことには、「生産」「収入」のほかに、「社会参加」という今後ますます重要になる側面がある
・「一隅を照らす」働き方こそが、これからの社会に求められる労働観だ
・企業には役割配置で構成される「ハード面」と、信頼関係で構成される「ソフト面」があり、今後は、「ソフト面」を重視していく必要が増す
・ソーシャル（社会性）を育むためのテクノロジー活用が、現代の企業人の共通テーマである
・経済発展だけを目指す管理の人事から、多様性に対応するためのつながりの人事への転換が求められている

第２章

人材を塩漬けにする企業システムの弊害

いつの間にか、当事者意識を失ってしまった大人たち

2014年にオックスフォード大学でAIの研究を行うマイケル・A・オズボーン准教授が、同大学のカール・ベネディクト・フライ博士とともに発表した論文がセンセーショナルに世界中に喧伝されました。『雇用の未来 ―― コンピュータ化によって仕事は失われるのか』というものです。702の職種について、コンピュータに取って代わられることで、その仕事がなくなる確率を弾き出したのです。その結果、その時点から10年から20年後を目途に、米国の総雇用者の約47％の仕事が自動化されると発表しました。

「AIが人の仕事を奪う」

オズボーン准教授の論文からも、そうした恐怖が巻き起こりました。

そして、「そんな社会、そんな未来に、一体誰がしたいのか？」ということが、本書の根本的な問いかけです。

AIへの加熱する投資や社会実装を目の当たりにするなか、未来への警鐘だった調査結

果が社会的な共通認識となり、当然のように訪れる未来として受け入れられる最中にあるように思われます。ロボティクス技術の進展もあり、多くの人が、ターミネーターが生まれる未来、心なきロボットが量産されて、たくさんの人間が居場所を失う未来を想像しているのではないでしょうか。本来、日本人らしいイマジネーションとは、ドラえもんや鉄腕アトムといった友だちとしてのＡＩやロボットです。「新たに生まれる人工知能、人工生命を友だちとして、調和した未来をつくる」という選択肢は、どうして失われてしまったのでしょうか。

いつの時代も、今の大人たちが社会をつくり、次世代のための未来に紡いでいく。これは普遍的な原理だと思っています。イマジネーションが未来を形づくるならば、未来への強迫観念は、その未来を近づけることでしょう。私を含む今の大人たちは、社会をつくる自信と責任を取り戻し、どんな未来を後世に引き継ぎたいのかを、しっかりと考えて、正しい選択と行動を取りたいものです。

ここに残念な調査結果があります。ギャラップ社の従業員エンゲージメント調査では、日本は「熱意あふれる社員」が全体の６％しかおらず、世界１３９か国の中で、１３２位という最下層クラスという結果です。「不満をまきちらす無気力社員」が24％、「やる気のない社員」が70％です。この調査結果が、実態のすべてを表しているとは思いませんが、多くの大人たちが働く企業の現場では、何かボタンの掛け違いが起こっているようです。

しかし、この調査結果には重大な違和感を覚えます。確かに、どんな組織にも愚痴ばかりの方や、やる気のない方はいます。ですが、個人としてやる気のない人物の顔がさほど思い浮かばないのです。むしろ、学生時代の記憶まで遡れば、活力ある友人、知人の顔がたくさん浮かびます。また、就職活動中の学生は活力にあふれています。どうやら、「組織に所属すると熱意を失う」という仕組みがあるのではないでしょうか。

そして、熱意を失う大きな理由は、「当事者意識を失う」ことから生まれているのではないでしょうか。だからこそ、自分たちが紡ぐ未来という意識が薄れ、傍観者として期待し、あるいは恐れる「その他大勢」になってしまうのかもしれません。

会社に馴染みすぎた我が友の苦悩

大人たちが社会や未来への当事者意識を失ってしまう。活力にあふれた若い人が、組織に入って一所懸命に働いている間にいつの間にか熱意を失っていくとするならば、大変な問題です。しかも、熱意と活力にあふれる個人が、時間をかけて熱意をなくしていく過程は、本人にとって大きな苦しみを伴う経験です。

そのことを教えてくれたのは、一人の友人でした。

彼は、派遣会社の営業担当でした。根っからの「いいやつ」で、人に誠実で、自分が損をしても、他人を裏切ることがない人物です。会社でも、期待される業績をあげ、丁寧に働き、関係者から信頼されていました。彼も、周囲の期待に応えるために懸命に働きました。

派遣業界は、さまざまな企業の非正規雇用の求人に、派遣社員を供給するビジネスです。非正規雇用は、経済情勢や労働市場の伸縮性を高める潤滑油としての役割があります。一方、派遣社員の方々には、不本意ながら非正規の雇用形態で勤める方も少なくありません。彼は、自分が派遣した社員が、派遣先の職場で、人間関係の問題に悩んだり、十分にスキルを学んだり、活かしたりできないことへの不満を抱え、正社員として職を安定させたいのに機会に恵まれない状況を幾度となく目の当たりにしました。そこで、「自分が関わった派遣社員の方には、選択肢を持ってほしい」と思い、派遣業界で人材開発の仕事をしたいと考えるようになりました。

彼は、楽ではない業績目標や日常業務をいつも通り抱えながらも、派遣社員の育成、キャリア開発の重要性を発信し、企画プレゼンテーションを行い、自ら活動の機会を得るために会社に精力的に働きかけました。

しかし、彼の思いが会社に届くことはありませんでした。むしろ、もっと業績に直結する仕事を求められました。高い期待から厳しい業績目標を課されましたが、彼は文句を言うこともなくそのノルマを達成し続けました。そして、派遣社員の能力開発の思いを貫くために、誰にも迷惑をかけることなく区切りのいい時期まで働き、潔く退職を選択しました。会社の外に出て、人の成長に役に立つ仕事に就くためでした。

会社を辞めて、転職活動を始めた彼は、厳しい現実を知ることになります。長年、同じ業界、同じ顧客へのルーティン業務を続けてきた営業担当に人材開発の仕事などありませんでした。ようやく見つけた求人では、給与水準を大幅に下げるほかありませんでした。数か月におよぶ転職活動、なくなっていく貯金、結婚を考えていた彼には最終的に元の営業の仕事に戻る選択肢しか残されていませんでした。

おそらく、甘えとおごりがあったのかもしれません。「やりたい」と意思を示せば、ノーリスクで会社が受け入れてくれると思い、また会社のルーティン業務である営業活動を任されて実績を積んだことで、仕事ができると思ってしまった。しかし、人材市場や会社の仕組みには彼の思いを快く引き受ける余白はありませんでした。

とはいえ、彼の思いは、ただ純粋に、自らが社会や関わる人に貢献したいというものでした。彼に機会が与えられたならば、懸命に社会のために働いたし、一隅を照らす働きをしただろうと思います。

彼は、自分の立場から社会のためにできることを自ら考え、行動に移しましたが、結果的に、企業は彼の熱意を求めていなかったのです。誠実な友人です。その後も腐ることはありませんでしたが、以前ほどの熱意は失われ、自発的な働きかけはやめてしまいました。

大企業を蝕む「社員の塩漬け」という社会問題

企業というシステムは、我が友人の熱意には無関心でした。組織機能を果たすことだけを求めました。会社と彼は、ただそれだけの関係だったのです。一方で、会社は期待に応える彼に対し、相応の報酬を与えました。組織として機能することで会社全体の生産性は高くなり、個人の能力と付加価値以上の業績を生み出すことができます。その結果、彼は、自分の実力以上に、相場より高い報酬を得ていました。

だから、会社の外に一歩、踏み出したとき、彼に対する市場価値の査定額は、厳しい現実を突きつけました。

人類が「組織」を発明し、現代まで発展させてきた理由は、個人ではできないことを成し遂げるためです。実際、中小企業より大企業は桁違いの規模の事業を手掛けることができます。その分、1人当たりの労働生産性、報酬の水準は圧倒的に大企業が勝るのです。

一方、個人の視点から見ると、所属する組織機能の一つの役割を果たすことを要求されます。いわゆる「組織の歯車」といわれる役割です。

その結果、個人としての付加価値は所属する組織や環境に依存するようになります。自らの付加価値より、報酬が多いという状況が生まれます。だから、我が友人のように会社の外で、ただ1人の人材として査定されると厳しい現実にさらされます。つまり、個人の付加価値ベースでは、低い評価になりやすいのです。

私は、この現象を「企業における人材の塩漬け問題」と表現しています。

塩漬け人材を定義しておきたいと思います。塩漬け人材とは、

1．企業システムにおける役割を果たす以外の能力が発達していない人材

2．会社の評価価値にとらわれ、社会の付加価値、人材の市場価値の視点が欠落している人材

3．サイロ化された役割に業務が細分化され、短期目標に追われ、数年から十数年間、同一の業務に埋没していて、近視眼的で視野狭窄に陥っている人材

4．慣れた業務上の役割を果たしていれば、一定の報酬が約束されているため、学習や訓練の習慣がない人材

5．外部環境の変化に適応できないどころか、社内の新たな挑戦機会や組織課題にも適応する準備のない人材

6．一定の年齢になると、業務上のパフォーマンスよりも人件費の負担が大きくなるため、長年献身的に勤めてきたにもかかわらず、お役御免になっていく人材

7．自らの提供価値や付加価値以上の報酬を得ており、生活水準が比較的高い一方、新たな環境に適応する準備がないため、適応に大きな負担と障害が生じてしまう人材

塩漬けとは、腐敗しやすい食物を長期保存するための手法です。組織は、人材を活きたものではなく、腐敗するものだと無意識に位置付けている、と見たほうが現実を正しく解釈できます。市場価値が値下がりする人材を、腐らないように塩に漬けて寝かしておくのです。

なぜ、そんなことをするのか。

それは、企業は人材に対して、長期安定的に働いてほしいからです。活きてほしくも、腐ってほしくもない。その結果、塩漬けにして寝かしておくすべを磨いてきたといえます。本当に個人として稼げるようになれば、市場評価が高くなれば、会社を辞めやすくなります。だから本気で、市場に通用するレベルまで人を育てる会社は稀です。会社の舞台の中でパフォーマンスする従業員がほしいのです。

残酷な仕組みに思えますが、悪意ある仕組みではありません。むしろ、経済成長の時代

においては、皆で最大の利益を得る仕組みだったのです。高度成長期、製造業を中心に、命令と統制により、日本企業は世界一のオペレーション・エクセレンスを成し遂げてグローバル競争の勝ち組に躍り出ました。

会社の目標をわかりやすく定め、組織機能を分割し、各組織の役割を果たせる人材を配置する。各役割を果たせば、大きな報酬を得ることができる。個人の集合体が、そのまま組織でした。

しかし、現在は活きたままの個人の集合体が、そのまま組織なのではありません。忠誠心が個人の安心や報酬を担保しなくなり、働き手の価値観や労働観は多様化しました。

会社の目標達成のために、組織機能があり、個人の能力が配置されるという側面は、変わりません。組織機能が分業され、連なることで、経営活動が機能しています。一方で、個人の働く目的は多様化しています。「組織の目標のために働く」という価値観は、その多様さの一面にすぎません。経済成長を経験していない労働者は、組織の都合を第一に考えないのです。

組織の論理には、個人を弱体化させる面があるといえます。たとえば、組織の責任者は、組織機能の成果目標に責任を持っています。そして、人事権、あるいは人材配置に一定の発言力を持ちます。最も優秀で役に立つ部下を手放さなくなり、役に立たない部下を手放すようになります。そうすると、懸命に働く役に立つ従業員は組織の都合にばかり適応し、上司の裁量の範囲内で頭打ちとなります。自らのキャリアを考える個人ほど上司から距離を置き、組織目標への忠誠心は低下することになります。

人材マネジメントを通じて、一人ひとりを管理しているにもかかわらず、個人のモチベーションやエンゲージメントが課題になるのは、組織運営の都合と、個人の都合が一致しないためです。人事部は、MBOという目標管理制度により、会社の目標を個人に落とし込みます。経営戦略・事業戦略を個人の活動レベルまで一貫させるためです。そして、MBOは評価制度として機能し、会社への貢献度を測るためのツールとなっています。

実は、この概念を生み出したマネジメントの父・ドラッカーは、MBOを自己目標管理(Management by Objectives and Self-Control)として推奨しました。この最大の利点は、自らの仕事を自らマネジメントできることだと明言しました。自己管理が強い動機づけをもたらすという意味なのです。皮肉なことに、経済成長の中で自己を喪失した個人が組織と一体化し、合理的に成果と報酬を得ていくなかで、ここから「Self-Control」という現代においては最も重要な面が欠落してしまったのです。

経済の停滞は、組織を筋肉質にしました。できる限り無駄を省き、徹底的に効率化を推進しました。それにより、経済成長が難しい状況においても利益を生み出せる企業体質を獲得してきました。四半期会計のペースに合わせて厳しい目標を設定し、組織と個人のパフォーマンスを向上するよう指導を続けました。

従業員は役割だけに埋没して一つの機能に徹することに適応してしまい、そうした立場にすっかり慣れてしまいました。自らの意思や熱意を持つことは非効率であり、必要性がないことなのです。毎月の目標管理が厳しく、それどころではありません。組織で働く人々は、1か月から3か月の期間でしか考えも、行動もしなくなりました。これが塩漬け人材問題の本質なのです。

自助努力を強いられる生涯労働社会の到来

2019年、大企業の人事システムを支えてきた「終身雇用」が終焉を迎えました。トヨタ自動車の豊田章男社長が「終身雇用を守るのは難しい局面に入ってきている」と語りました。ついで経団連（日本経済団体連合会）の中西宏明会長が「終身雇用はもう守れない」という趣旨の発言をしました。

同年は、人手不足が続くなか、大企業の早期退職者募集が相次ぎました。6月までの半年間で、上場企業の17社が合計約8000人の早期退職者数を発表しています。

また、日本の社会保障制度は崩壊への一途をたどっています。

日本は、高齢化率が21％を超える超高齢社会です。1965年には高齢者1人に対して生産年齢人口9・1人で支えるという構図でしたが、2025年には高齢者1人を生産年齢人口2人で支えなくてはいけなくなるのです。もはや、社会保障制度を維持することは困難といえるでしょう。現在の社会人は、退職後の社会保険や社会福祉、公的扶助などに頼ることなく自立することが求められていきます。

こうした経緯も踏まえ、ロンドン・ビジネス・スクール教授のリンダ・グラットンとアンドリュー・スコットが提唱する「人生100年時代」という言葉が流行しました。当時の安倍内閣は、「1億総活躍推進」「人生100年時代構想推進」と相次いで推進室を発足しています。

高齢者を含む全国民が活躍＝社会に参加し、働くことで生計を立てる必要性がある。つまり、「生涯労働社会」が到来したということです。

20歳代で就職し、60歳で定年退職すれば、退職金と社会保障により寿命を全うできる。そうであれば、まだ余裕と安心をもってセカンドライフを過ごせるでしょう。ところが、日本を代表する大企業が、次々と早期退職者募集を発表する時代になってしまいました。40歳代の大企業の早期退職は日常的なニュースとなり、珍しいものではなくなりました。

巨大な組織で、与えられた役割に従事してきた人たちには、厳しい現実です。組織的に生産性を高めて、経済的な業績を拡大し、従業員の報酬を引き上げてきたため、会社の外に出てしまえば、個人の付加価値と報酬のギャップが露呈することになります。子育て、介護中のご家族がいたり、マイホームやマンションを購入していたりと理由はさまざまですが、これまでの生活水準がキープできなくなることは多くのビジネスパーソンにとって現実的に受け入れがたいものでしょう。

一方、日本では、実質的に非正規社員を雇用の調整弁として扱ってきました。景気が悪くなると、派遣切りが行われてきました。リーマン・ショック直後の年末、日比谷公園に失職者が集まった「年越し派遣村」などは、いまだ鮮明な記憶として残っています。正社員は手厚く保護される立場ですので、同情をする側に居続けることができました。

正規と非正規という雇用区分による格差、労働市場の二極化は、2000年代から繰り返し指摘され続けている社会課題です。テクノロジーの進化、超高齢社会、企業のグローバル競争の激化など、さまざまな外的経営環境の基調的な変化の結果、外圧によって大企業社員の保護が一部崩されたということだと思います。

政府が音頭をとるかたちで、ジョブ型の雇用や同一労働同一賃金など、雇用区分によらない評価・報酬の制度化が進んでいます。一見、労働市場の二極化を緩和し、より公平性の高い労働環境の整備に向かっているように見えます。

しかし、問題の本質は、「手厚く保護される雇用が減り、自助努力による厳しい雇用が増える」という不安が社会中に蔓延するということだと思います。企業の中では、人材の塩漬けが、企業の外では、躊躇のない派遣切りが行われてきた事実を見てきました。誰しもが働くことへの不安を感じてしまう状況があるのです。

組織形態の変遷の先には何があるのか

「不安の蔓延は、適切な社会的地位に就き、能力を磨くことで解消される」という自己責任による解決を求める意見があります。特に、間違いだとは思いませんが、すでに安心できる地位や立場にいる方、成功体験のある方、安心できるようになりたい野心を持った方、などの主観的な意見にすぎません。

なぜなら、自己責任による解決というアプローチでは、一部の人が安心できるようになる可能性があるだけであり、社会全体の問題は解決しないからです。

私が危惧することは、「懸命に働く大人が、不安で自信のない社会」に成り果ててしまえば、社会の幸福度は低下し、子どもたちに希望よりも絶望を与えることになるのではないかということです。実際、共働き世帯が増加し、ともに不安で、ともに自信がない状態にある場合、懸命に働けば働くほど、家庭の人間関係がうまくいかないという話を耳にすることがあります。この働く不安の蔓延という問題は、今の社会にとっても、未来においても、放置しておいていいことは一つもないと思います。社会のため、人のために懸命に働く大人は、自信と誇りをもって働き、堂々と仲睦まじく暮らしてほしいと願っています。

日本型といわれる組織形態は、家族経営といわれる共同体としての組織でした。命令とオペレーションによるシンプルな組織構造で、忠誠心を誓う代わりに安心できる環境を築いてきました。この安心を生み出してきた源泉は、経済成長でしょう。忠誠心を持ち、従うほど、働くほど、報酬が増えます。会社では、花見や運動会など、私的な交流が日常だったようです。戦後復興からファミリービジネスによる創業家の経営が、家族型の経営スタイルを生み出したのかもしれません。

その後、組織規模の拡大が続き、右肩上がりの経済成長が緩やかな成長にシフトしていくと、企業は生産性や効率を重視するようになります。近代マネジメントの原点とされるテイラリズム（科学的管理法）が導入され、会社は従業員を管理する場へと変貌していきました。あらかじめ定められた役割・業務を、計画した通りに業務遂行する。人間性よりも、機械的に予定通り稼働することが強く求められるようになります。

次に、経済が停滞するようになると、計画的に稼働しても思うように業績が上げられなくなります。管理型組織も行き詰まり、より高度な能力の獲得競争が進むようになりました。企業間では顧客の取り合いだけでなく、希少価値の高い人材の奪い合いが激しさを増し、個人間の競争が激しくなっていきます。ギスギスした職場では、チームよりも自分の評価こそ重要と皆が考えるようになり、能力の低い人材は、より不安定な生き方を強いられるようになりました。それでは誰もが不安で、しかも疲弊してしまう。生き残りのために個人は能力獲得の機会を求めますが、それが過度になりすぎると、利己的な振る舞いが増えていきます。まだ競争環境にそれほどさらされていない業界や企業は、変化への抵抗が強く、お互いに無関心な組織となっていく懸念があります(図表4参照)。

〈図表4：組織形態の変遷〉

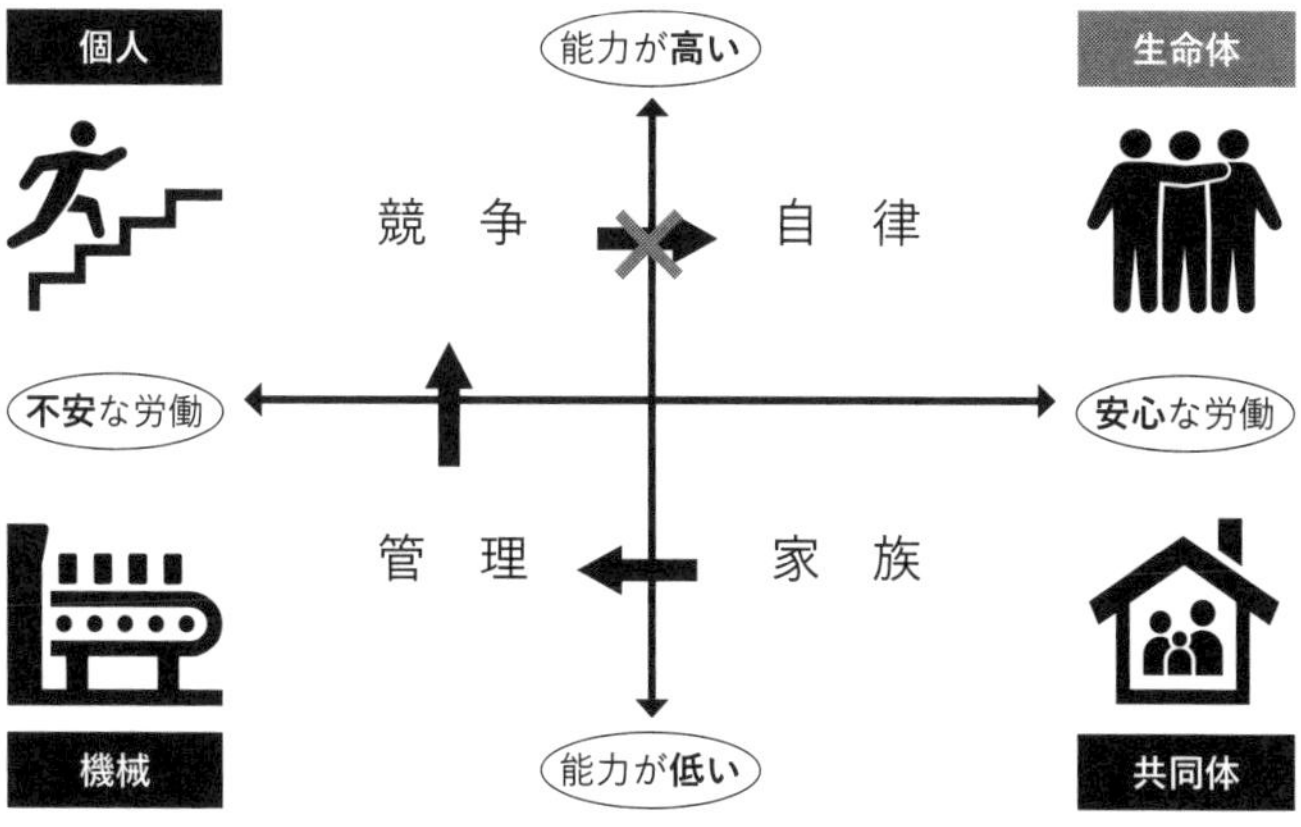

ここまでが、戦後の高度経済成長から現代までの働く環境の概念的な遷移です。家族型の共同体組織から、管理型の機械的な組織となり、現在、個人間の競争と能力主義が組織を支えています。

希望論からいえば、能力は高いままに、より安心な労働環境を取り戻すためには、フレデリック・ラルーの提唱するティール組織への移行が期待されています。ティール組織を意訳するならば、「目的に向かって、組織の全メンバーがそれぞれ自己決定を行う自律的組織」を意味します。

しかし、競争型から自律型への移行は不可能でしょう。なぜならば、自律的な協働は、利他的な個人とつながりがベースとなりますが、個人間の競争は利己的な個人がベースとなるからです。つまり、個人間の競争型の組織と生命体型の組織とは、対極にある存在に思えます。

ティール組織は、ありたい姿として多くの方にビジョンを示したという意味で大変に価値のある概念ですが、理想論だと思います。一部のハイスキル、ハイパフォーマーの楽園にすぎません。ティールの原型となるケン・ウィルバーのインテグラル理論では、ティールより上位の発達段階にある人は、全体の1・1%にすぎません。自律した生命体型の組織形態をとるには、人類全体が精神的に発達する必要があるのです。

現代の組織形態の延長線上に、人が活きる組織は存在しないのかもしれません。過去の遺産をチューニングし続けるのではなく、組織設計の思想から練り直すことで、ティール組織のような、人間を中心とする新たな組織形態が生まれるのだと思います。

利己的な経営と従業員が生み出す依存関係

現代の職場は、高度に設計され、組織化されています。所属する従業員は、分業された役割に閉じて、短い期間の目標達成を繰り返すようになります。このまま1年、2年、3年と勤めていけば、「人材の塩漬け」になることは誰の目にも明白です。その結果、危機感のある若年層から転職を繰り返すようになり、ジョブホッパーが生まれました。定着も成長もしない若年層が問題になっています。すでに、約半数の大学生が転職することを前提とした就職活動を行っています。

また近年では、高度に管理されて「塩漬け」になることを回避し、組織に所属しないノマドワーカーやフリーランス、ギグ・エコノミーワーカー、クラウドソーシングなどの新たな働き方が広がっています。2018年時点で、日本では約1100万人がフリーランスとして働いています。これは労働力人口の約17%にあたります。なお、米国では労働力人口の35%の約5700万人がフリーランスです。

しかし、組織に所属せず、自由を手に入れることができるというポジティブな面に着目しがちですが、新たな貧困の種ともなりつつあります。

ウーバー・テクノロジーズの本拠地である米国・カリフォルニア州では、ギグワーカーを個人事業主とする法案「プロポジション22」に対し、当のギグワーカーや労働組合が憲法違反との訴訟を起こしています。ことの焦点は、ギグワーカーを従業員として扱うか、個人事業主とするか、という企業側の雇用責任の問題とされています。また、日本でも成長するクラウドソーシングでは、過度に低い報酬の案件増加が問題になっています。

働き手にとっては、組織に所属すること、自由なフリーランスとして働くこと、どちらの選択肢も甘くはないようです。

正規と非正規という雇用区分に留まらない「働き方の多様化」が進んできていることは

明らかです。それでも、「働く不安の蔓延」という問題は、全く緩和していないどころか、日に日に顕在化しているようにすら感じます。どうやら、不安を生み出している、もっと深い原理があるのかもしれません。

大企業の「人材の塩漬け問題」を分析してみると、極端な言い方をすれば、利己的な経営と利己的な従業員が生み出す依存関係が見えてきます。

現代の経営は、VUCA（Volatility＝変動性、Uncertainty＝不確実性、Complexity＝複雑性、Ambiguity＝曖昧性）と表現される将来の予測が困難な経営環境において、企業の指揮と統制が求められています。だからこそ、エキサイティングでおもしろいという見方もありますが、既存の仕組みを抱えたまま、予測不可能性の高い経営環境において舵を取ることには、大変な責任とプレッシャーがあるはずです。

すでに業績の柱である事業領域では、問題なく安定した収益と利益をあげてほしいはずです。そう思うと、新卒一括採用から始まる金太郎飴型の人と組織のマネジメントは、経営において、予測しやすいという意味でとても楽なのかもしれません。既定路線のまま変わらない現状をみると、「守るから、黙って役割を果たしてください」という暗黙のメッセージが聞こえてくるようです。

一方の従業員側にも、現状にすがる理由があります。未成熟なまま自立できていないという現実です。組織に馴染みすぎた我が友のように、いつの間にか会社に依存してしまった方々の話を聞いてみると、根本的なマインドセットは「誰かが何とかしてくれる」というものです。「やってみたい」「本来は、こうだと思う」と意気込みや評論はできても、実際に行動すれば、少なからずリスクがあります。身を削る、矢面に立つ、リスクを引き受ける現実を目の当たりにすれば、こぢんまりしてしまいます。自分の身一つで社会に立つことを「自立」というならば、程遠い現状があるのです。

利己的な経営と利己的な従業員が生み出す依存関係と表現しましたが、経営は「従業員を守る」という非現実的な過去のマインドセットにとらわれており、従業員は「素直に従う」という自立とは真逆のマインドセットによって組織に適応している現状が、少なからずあるのです。段階的ではありますが、確実に古いマインドセットを解き、互いに自立する方法を見つけていくことが、会社にも個人にも求められているのです。

個の自立にブレーキをかける企業システムの原理

　そうした中で、財界や政府から企業に対して、そして企業から従業員に対して、「自立」への要請が強くなっているというのが現状です。時代に適応したキャリア開発が、企業と個人に等しく求められているのです。

　たとえばタニタは、2017年に新しい働き方の制度を導入しました。従業員を「個人事業主」として独立するのを支援するという内容です。独立した人には、それまで行っていたタニタでの仕事をそのまま業務委託します。従業員として得ていた収入を確保したうえで、仕事の仕方は自己流にコントロールできるわけです。副業も自由だそうです。2021年には、電通も従業員の個人事業主化を推奨する制度を発表しました。今こそトライすべき制度だと思います。

　とはいえ、企業経営のシステムが抱える2つの構造的な問題に向き合わなければ、個をエンパワーメントして「自立」に向かわせることは難しいでしょう。

　構造的な問題の1つは、組織の中枢に権限・権力・情報が集中するという中央集権という仕組みです。コーポレート・ガバナンスなど中央集権的に推進すべき課題はあるものの、こと人材の活性化においては異なる見方が必要です。

仕事は、どこから生まれるのか？　大きな方針と仕事は、経営資源を司る中枢から生まれます。だから、完全に組織の外に出てしまうと大きな仕事に関わりにくくなります。従業員の個人事業主化という文脈においても、会社と組織への所属がゼロになれば働きが弱まるケースが増えるのではないでしょうか。中央集権的な人材マネジメントのままでは、これまでの組織と大差がない状況になりそうです。反対に、自律分散的な人と人のコラボレーションから仕事が生まれる作用や環境が整備できるならば、今とは真逆の強み（と弱み）を持った新たな組織体ができる可能性があります。

もう1つの問題は、能力主義の弊害です。

「能力」とは、何でしょう。たとえば、「まばたきを1秒間に10回できる」「炭酸水を1リットルいっきに飲み干せる」。これらも能力です。ただし、誰もお金を払わない能力です。能力には、経済的な価値、つまり金銭が生じる能力と、そうでない能力があるわけです。

では、経済的な価値を評価するのは誰でしょう。能力の経済価値評価に、最も大きな影響力を及ぼしているのが企業です。能力の発揮に対して、給与というかたちで安定的に金銭を支払うことができるからです。つまり、多くの「能力」は企業が規定しているのです。

そして、「能力を持つ人材」は、市場原理の中で売買されます。つまり、需要と供給によって値が変わるということです。たとえば希少な能力を獲得しているAさんと、別の稀有な能力のあるBさん、いずれも市場における供給量が少ないとします。しかしAさんの能力はほぼすべての企業に需要があり、Bさんの能力は欲しがる人がいないとすれば、供給が少なく、需要の多いAさんの能力には価値がつきますが、Bさんは供給と需要がともに少ないため、価値がつきにくいということになります。

現在、経営環境の大変動に応じて、経営に求められる能力が高度化しています。プロ経営者やAIエンジニアなど、変化の先端にある能力は希少であり、価値が高騰します。そうすると、人材の獲得合戦が起こります。お金が動きますので、人材業界などが、「AI開発者が最もセクシーだ」「統計をマスターすれば年収1000万だ」と喧伝し始めます。

また、獲得・採用・報酬のコストが高騰してくると、企業はいっせいに教育を行います。買うより、育てるほうが価格合理性がいいためです。

働き手は、値のつく能力がある人は、「生き残るための能力が必要だ」といい、能力のない人は、「能力がすべてではない」といいます。そこにある尺度は同じです。しっかりと確実に、企業が規定した能力という、画一的な方向性だけを考えるようになります。

能力主義の弊害とは、「企業が規定した能力」という、ごく一部の人だけが評価される仕組みに、社会全体が巻き込まれることです。もちろん、経済性の観点では、稀有な能力を獲得して評価を得る人がいることは素晴らしいことです。一方で、社会性の観点では、その能力はむしろ弊害になることすらあります。コンサルタントは高度な問題解決が得意ですが、家庭に問題解決力を持ち込むと離婚の危機になります。何事も問題解決せず、ただ寄り添うことや、ただ耳を傾けるだけで心が満足することも、社会活動や暮らしの中には、たくさんあるにもかかわらず、場をわきまえず能力を発揮することは、いつも幸福な結果にたどり着くとは限らないということです。

現代は、企業が国家を超える力を持ち始めています。企業の発言力、影響力が増しています。その中で、企業が欲しい能力だけが社会の中で発達していくようでは、結局のところ、個人は企業への依存度を高め自立とは無縁になっていくしかないのです。

大企業が変われば、社会はきっといい方向に歩み出す

私が、主に大企業を取り上げて、塩漬け人材の問題に着目することには、いくつかの理由があります。

大企業は、全企業数のわずか1％で、全労働人口の3割以上を雇用しています。さらには、GDPの大半を占める経済的な影響力があります。立地の観点では、大企業は大都市に集中し、地域を支える労働力が都市部に集中する結果を招きました。都市部に移動してきた労働力は、非正規雇用、フリーランスといった不安定な雇用の増加につながっています。

社会学者で慶應義塾大学の小熊英二教授の研究結果が、この現象を詳しく分析しています。

昔から、少なくとも昭和時代から、全労働人口の26％が大企業で働いていると調査研究から解き明かしたのが小熊教授です。この研究では、労働人口を大企業型のほか、地元型と残余型の3パターンに分類しています。地元型が36％で、残余型が38％と推定されるとしています。残余型は正社員以外の非正規雇用やフリーランスです。ここ最近の変化を見

てみると、非正規雇用は増えているのですが、大企業型はずっと25%くらいで推移しています。つまり非正規雇用の増加は地元型に多い自営業の減少によると思われます。地元型が減って残余型が増えているのです。

大企業は全国に支社や支店、工場、あるいは店舗を有しています。それらが地方経済を回しているという側面はもちろんあります。さらに、子会社、関連会社、仕入れ先などを含めれば、大企業ファミリーが日本経済を支えていると言える強大な経済的な影響力を持っていることは否めません。一方で、都市部における大企業の関連業務を請け負うことや、地方への大型商業施設、生産性の高い工場やオフィスの出店、グローバリゼーションによる産業の空洞化を推進してきたことなど、さまざまな要因によって、地方経済の中小企業やパパママストアのような家族経営の商店が時間をかけて淘汰されてきたことで、都市部への労働力集中が続いています。

その人口動態の結果、大企業型の人口が増えるわけではなく、非正規雇用という残余型だけが増え続けています。小熊教授の研究は、地方経済と地方コミュニティを支える地方型の労働者が、都市部の残余型に移行してきたという分析を示しています。

多くの場合、地元型の企業群は大企業よりも生産性が低いと思われますが、地域社会に対する関与度は高いため、地元にしっかりと根付いている人たちは、貧困や孤独とは無縁ともいえる営みを形成しています。生活費が低く、人的ネットワークもあって社会資本が充実しているからです。社会関係資本が蓄積されない環境では、生きていく最低限のコスト、が増大します。人は、他者との「つながり」によって、安心や安全へのコスト、不要なコスト不要な経済的支出を抑えることができるのです。

この研究において、一番の問題は残余型でしょう。かつて年越し派遣村が話題になりましたが、今はネットカフェ難民やホームレスが増えており、自殺者数やうつ病患者数も高い水準のままです。

大企業が経済や社会に対する強大な影響力を持つことによって、その動向が社会の変化を決定づけていることがわかります。さらには、高度な教育を与えられてきた高学歴・優秀層の人材を中心とする労働力の約25％という、極めて重要な人材が働く環境でもあります。

そうした大企業に勤める雇用枠は、今後縮小していくことが想定されます。25％が20％になり、20％が15％になれば、大企業に勤める（あるいは、勤めたい）高学歴・優秀層は、今以上の焦りとストレス下で働くことになっていく懸念があります。余裕のない人物が社会の舵をとれば、利己的な判断や視野狭窄的な行動を取りやすくなるでしょう。

私が大企業に着目する理由は、強大な影響力、そして舵取りする人材の安心・安定の環境が崩れつつあると懸念するからです。

では、なぜ「人事」なのか。なぜ「つながり」に着目しているのか。

それは、地域には人と人の信頼関係、絆をベースとするコミュニティが形成されてきましたが、大企業の周辺には、絆でつながるコミュニティが形成されにくいためです。定年退職後に、職場の仲間と会うこともなく、熟年離婚するという悲劇を目にすることもあります。これは、人と人の「つながり」が形成されないためです。この場合、社会関係資本が未形成のため、孤独や不安に伴う生産性や創造性、寛容性が低下し、健康や生活を維持するコストが増加します。企業という構造の中においても、人のつながりは、極めて大事であり、心の余裕や拠り所となります。

さらに俯瞰的に経済や社会を見るならば、大企業は「アセット」です。価値ある資産であり、新たな経済活動を生み出す強みやノウハウの集合体です。

どんなに有能な個人であっても、組織から離れて個人として活動するには限界があります。本当に社会問題に向き合い、世の中を好転させるには、大企業というアセットを最大限に活用する必要があります。

しかし、このアセットは、中央集権かつ画一的で、変化に脆弱な古い企業ＯＳでしか動かすことができません。だからこそ、人と人の「つながり」が重要なのです。大企業の内側と外側が有機的に関わり合い、人間関係、信頼関係を構築することができるならば、革新的な社会課題の解決や、イノベーションを生み出す場として発展していく可能性があります。

時代が変わります。前提となる行動原理が変わります。大企業という社会を変える力を有する集合体を、どう活かすのか。この発想を持ち、人と人のコラボレーションを機能させることが、新時代の人事の役割になっていくと考えています。

能力主義の現代、社会的地位が高いはずの高学歴の人材が当事者意識を失い、塩漬け人材になる企業システムについて見てきました。能力獲得競争にさらされて、個人は孤独な戦いを強いられています。懸命に働く多くの大人たちが、不安で自信を失いやすい社会構造が見えてきます。このままでは、健全な「つながり」も「働き」も生まれにくいでしょう。自立した人材を育み、熱意に裏打ちされた当事者意識をもって働く環境にするためには、旧態依然とした大企業システムを解き、21世紀の行動原理に基づいて、社会とつながることが必要なのです。

25%でありながら、この社会をまぎれもなく規定し、大きな影響を与えているのは大企業であり、そこに働く高学歴者たちです。そうした人材が利己的になっていたり、閉鎖的になっていたり、塩漬けのまま動けずにいるとするのであれば、それはあまりにももったいない。それはつまり、大企業という影響力のある組織機関や内部の人たちに、未来への舵取りを委ねることはできないということです。

その一方で、大企業の有能な人材たちの多くが、解かれ、開かれ、社会課題の現場で人とつながりを求めるならば、社会はきっとよくなるはずです。しかも、大企業の人材は、若くして社会に解き放たれていくようになってきましたし、自ら望んで社会に飛び出すようにもなってきています。一部ですが起業家も育ってきています。自らの立場を正しく理解し、自分たちの働きをしっかりと見つめ直し、目の前の仕事に対しても、社会に対しても熱意をもって働きかけることができるようになれば、きっと世の中は少しずつでも確実に、安心して過ごしやすい環境になっていくはずです。
そんなふうに解き放つための重要な役割の中心にいるのが、人事なのです。

この章のまとめ

・「AIが人の仕事を奪う」という妄想は、大人たちのイマジネーションが強迫観念に満ち、当事者意識を失うことで生まれる

・大企業には、人材に長期安定的に働いてもらいたいがために、組織の歯車として塩漬けにしてしまう傾向がある。それもまた、個人が「強迫観念」を持つ要因の一つだ

・しかし、その前提となる「終身雇用」という常識は終わりを告げ、「生涯労働社会」が始まった

・そうした世の中にますます重要となるのが人と人とのつながり、絆でつながるコミュニティの存在だ

・そのためにも、これまでの大企業システムを解き、社内外を問わず、人と人のコラボレーションを機能させていくことが、これからの人事の主たる役割となる

第３章

ヒューマン・リレーションシップスという人事の仕事

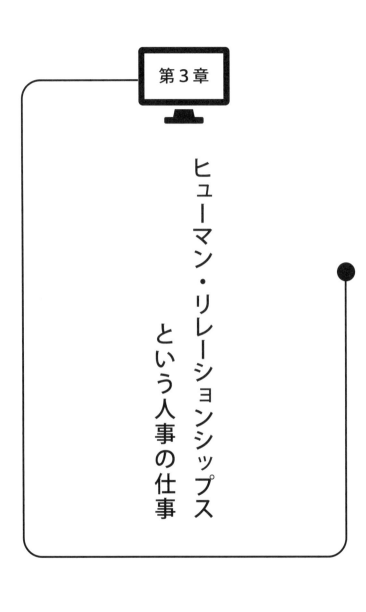

ニューノーマル（新常態）が人事に問うこと

何があっても止められないと目されてきたグローバルサプライチェーンさえも、パンデミックという未曾有の事態により、一瞬で停止してしまいました。変わりようがないと思われていた労働中心の生き方が、生命を最優先とする働き方に転じ始めました。

企業経営者は、事前に予測不能で、起きたときには壊滅的な被害を及ぼすとされる「ブラックスワン」が、何度でも起こるということを目の当たりにしました。予測不可能な未来への対応を迫られることが常態化した今、ニューノーマル（新常態）という新しい常識、新たな前提に立つ姿勢が求められています。今後は、そうした経営環境下での意思決定が問われ続けることになります。

パンデミックの危機下において多くの企業の経営は、会社を存続させるための努力と、安定的に事業が運営される前提で雇用した従業員を守る努力という非常に難しい舵取りを余儀なくされています。キャッシュが途絶えれば、企業の存続は不可能という切迫した緊張感が伺えます。その一方で、雇用している従業員を危機の最中に困窮させるわけにはいきません。会社の維持と雇用の維持という問題は、心ある経営者や人事、マネジャーを苦悩させる、究極的なジレンマです。

そのうえで今求められるのは、オールドノーマル（旧常態）における企業システムを守ることではなく、変化への柔軟性やレジリエンスが不可欠となります。変化は、人や組織への過度なストレスを与えます。パンデミックのような未曾有の事態では、なおさらです。ニューノーマルの経営環境では、昨日と同じ今日が来るという「安定」ではなく、明日は何が起こるかわからない「変化」が前提となります。そうなれば、ダメージからの回復力であるレジリエンス、ストレスの緩和や自律修復できる組織の柔軟性が求められるのです。では、レジリエンスや柔軟性は、何から生まれるのか。それは、人と人の関係性です。

さらには、企業組織のイノベーティブな対応や変化対応力がなければ、変化への対応に終始してしまい、経済活動が間に合わなくなります。イノベーションを起こせるかどうかは、いかにこれまでの常識、特に成功体験の呪縛から逃れることができるかにかかっています。

そして、とても大切なことは、異文化が触れ合う環境をつくり、働く人の自発性を促し、人間性を回復した個人がつながりあう企業組織のソフト面である「つながり」です。変化の時代には、人と人が絆を育みあう組織だけが、生き残れるのかもしれません。属人性を嫌い、再現性と汎用性の高さを過度に追求するというのは、オールドノーマル（旧常態）の経営環境だから合理的に選択してきたことなのです。

今や、誰もが尊い生命と向き合い、家族を守ることを一義とする生活という現実に向き合いながら働くことになりました。仕事と生活を分離できない状況下では、つながりや絆を抜きに働き掛けあうことは困難でしょう。企業は、そのための一助となれるかが問われているのだと思います。

そうした厳しい状況で人事が問われることは、いかなる状況にも柔軟に対応し得る組織をつくること、個人間がつながり、支え合う互助のネットワークを形成すること、そして自立する個人を支援することです。新たな前提に対応していく必要があります。

未曾有のコロナ禍を振り返る

２０２０年は、「COVID-19」（新型コロナウイルス感染症）という未曾有の事態に見舞われた一年でした。この年の終わりにはようやく米国やヨーロッパなど各地でワクチンの接種が始まりましたが、本書を執筆している2021年4月現在もまだ終息の見通しが立っていません。

このウイルスは、さまざまな人間の営みにも、大きな変革を余儀なくしました。もちろん、その中には新卒の募集・受け入れなど幅広い企業活動も含まれ、本書の主題である人事の役割変化も加速されました。

まずは足早に、その始まりを振り返ってみましょう。

新型コロナウイルス感染症に関連する日本での最初の報道は2019年12月末から2020年の年明けにかけて「中国で原因不明の肺炎患者」というニュースでした。WHO(世界保健機構)が初めて新型コロナウイルスを確認したとの報道は1月中旬でした。そのわずか2か月後、3月12日にパンデミック(世界的な大流行)に認定しました。

その間にも、厳しい外出制限による都市封鎖(ロックダウン)が中国や欧米で繰り返されました。武漢では1月から4月までロックダウンが行われました。同年3月末までには優に100を超える国で全面的ないし部分的なロックダウンが実施されるという事態になりました。

日本では1月16日に初めて、武漢に渡航した中国籍の男性の感染を確認。2月3日に、クルーズ船「ダイヤモンド・プリンセス号」が横浜港に寄港、先に香港で下船した乗客の感染が確認されたことから乗客・乗員を長期間船内待機させ検疫を続けました。結果として、712人の感染が確認され、13人の方が亡くなられました。

その後、世界はもとより日本でも多くの方が亡くなられました。その中には、有名人も含まれており、中でもザ・ドリフターズのメンバーであった志村けんさんの訃報には、日本中が大きな衝撃を受けました。

3月24日には東京五輪・パラリンピックの1年程度の延期が決定、4月7日には7都道府県に1度目の緊急事態宣言が出され、4月16日に対象を全国に広げ、全面解除は5月25日でした。

5月13日には、ジョンズ・ホプキンス大学システム科学工学センターの集計結果によれば全世界で感染者はすでに426万人に上り、死者も29万人を超えていました。コロナ禍の猛威はさらに勢いを増し、6月28日には感染者は1000万人を超え、翌日には死者が50万人を超えました。死者が60万人を超えたのは、そのわずか19日後の7月18日のことでした。

夏場にも衰えなかったコロナ禍は、冬になるに従い、ますますその深刻度を増していきました。

12月2日、イギリス政府はファイザー社が開発した新型コロナワクチンを承認、8日に接種を始めたのに続き、米国などでもワクチン接種がスタートしました。

しかし、そうした動きをあざ笑うかのように、イギリスで感染力の高い変異株が発見され、2021年1月4日に3度目となるロックダウン（都市封鎖）に至るなど、事態はさらに深刻化していきました。2020年12月31日には東京都でも1日の感染者の数が1337人、全国で4520人に上りました。年が改まり、2021年1月7日には東京都の1日の感染者数が初めて2000人を超え、2447人と発表されました。そうした状況を踏まえ、1度目とは内容が異なりますが、医療崩壊が現実味を帯びるなか、1月8日にまずは1都3県を対象に2度目の緊急事態宣言が出されました。

コロナ禍における人事担当者の戸惑い

こうしたなか、各企業の人事担当者も大いに悩み、混乱しました。

ダイヤモンド・プリンセス号によって新型ウイルスの脅威がにわかに身近なものになった2月、各企業の人事部は3月から最繁忙期に入る新卒採用活動をどうすべきかで困惑しました。前年同様の採用業務を準備してきたなかで急遽、採用イベントの中止が相次ぎ、従来のやり方ではうまくいかない状況に陥り、根本的にその方法を変える必要性に迫られたわけです。

さらに4月は新入社員の受け入れ時期です。新入社員研修もリモートに切り替えなければいけなくなりました。当時、リモート環境が整っていた企業は少数でした。しかも、新入社員対応だけでなく、従業員全体の安全な労働環境の整備と生産性の維持が待ったなしに求められたのです。

私たちZENKIGENには、オンライン採用サービスを提供していたこともあって、リモート環境の整備に追われた人事担当者から多数の問い合わせが相次ぎました。

それ以前の営業活動では1回のアポイント設定にすら苦労を強いられていました。名刺を渡しても「おもしろいね」の一言で終わってしまうことが日常でした。しかし、コロナ禍で状況は一変し、企業からの問い合わせが数倍に急増し、「オフィスまで行くから導入の仕方を今日教えてほしい」という人事担当者さえ現れたほどでした。

このオンライン採用サービスは、元々は大量面接の生産性アップや地方採用の公平性を高めるためのサービスという位置づけでしたが、コロナ禍では就活生や従業員の安全に貢献することが一義的な目的となりました。

こうした状況を受け、私たちは緊急プロジェクトチームを立ち上げました。２０２０年２月中旬のことです。

まず「事業を通じて、生命に関わる社会課題への貢献が問われている」というチームの共通認識を確認しました。以下は、そのときに定めた私たちの基本スタンスの整理です。当時の混乱した状況のなぐり書きですが、原文をそのまま掲載します。

新型コロナ緊急対策プロジェクトの共通認識

1．社会課題として「新型コロナウイルス感染リスク」を捉える

最重要事項は、これが生命に関する問題であるということ。アウトブレイクの防止が第一。感染拡大を防止し、国民の安全を確保すること、そして、医療機関の混乱を回避すること（コロナ対応による二次被害の回避）。

2. 企業課題／採用課題としての感染症対策をサポートする
企業人事は、就活生と従業員の安全確保が第一＝人混みを回避する。

3. オンライン採用の「短期運用開始」の必要性
就活生は、就職機会がなくなるという漠然とした不安を抱えている（コロナによる就職難を回避しなくてはいけない）。２０２１年新卒は繁忙期における計画変更（人混み回避）が急務。繁忙期において、今すぐ対応可能かの判断が求められている。

4. オンライン採用の「短期運用開始」の実現性
平時の意思決定プロセスから、有事の意思決定プロセスに変える。

5. 「短期運用開始」の期待値に応える
「商品が使えるようになった」では足りない。「候補者と採用関係者が戸惑うことなくオンライン採用できる状態」にならなくてはいけない。

私たちは、これらを実現するための準備を始めました。
具体的には、ホームページを改修、採用活動の全面オンライン化を迫られた企業に対して、「採用活動のオンライン対応を短期で立ち上げる」ためのノウハウを無料公開しました（図表5参照）。この、いわばホワイトペーパーは宣伝することもなく、数週間でダウンロード数が2000を超えました。また、短期間での利用者の拡大を見越して、システムの拡張対応も急ぎました。

また、通常20日の採用オンライン化の導入プロセスを最短3日まで短縮し、導入判断をしやすくしました。営業スタッフは数名でしたが、より多くの採用をサポートできるよう、可能な限りの問い合わせに応え続けました。緊急事態においても就活生と従業員の安全を保ちながら採用活動を継続できる企業を増やすことに注力しました。

さらに2月21日には、不安な就活生向けに積極的な発信を開始。具体的にはOfferBoxを提供するi-plug社と、ウェビナーを提供するコクリポ社と共同でWEBシューカツ推進委員会を立ち上げ、オンライン採用可能な企業をまとめて公開するサイトを開設しました。

パンデミックへの対応ですから、何よりもスピードが求められました。システムやサポート体制は必ずしも盤石ではなく、トラブルはありましたが、チーム一丸となり、昼夜を問わず働きました。緊急時に、どうにか変化対応しようとする企業人事とともに、ここまでの整備を10日程度で行い、第1回の緊急事態宣言に先んじて準備することができました。

〈図表5：ホワイトペーパーの開示〉

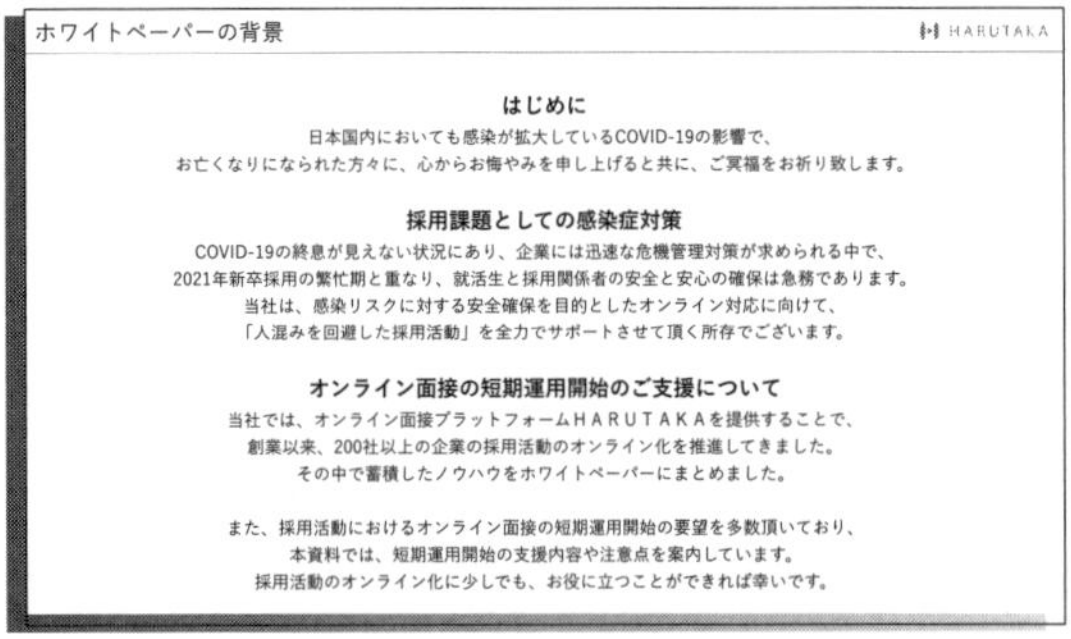

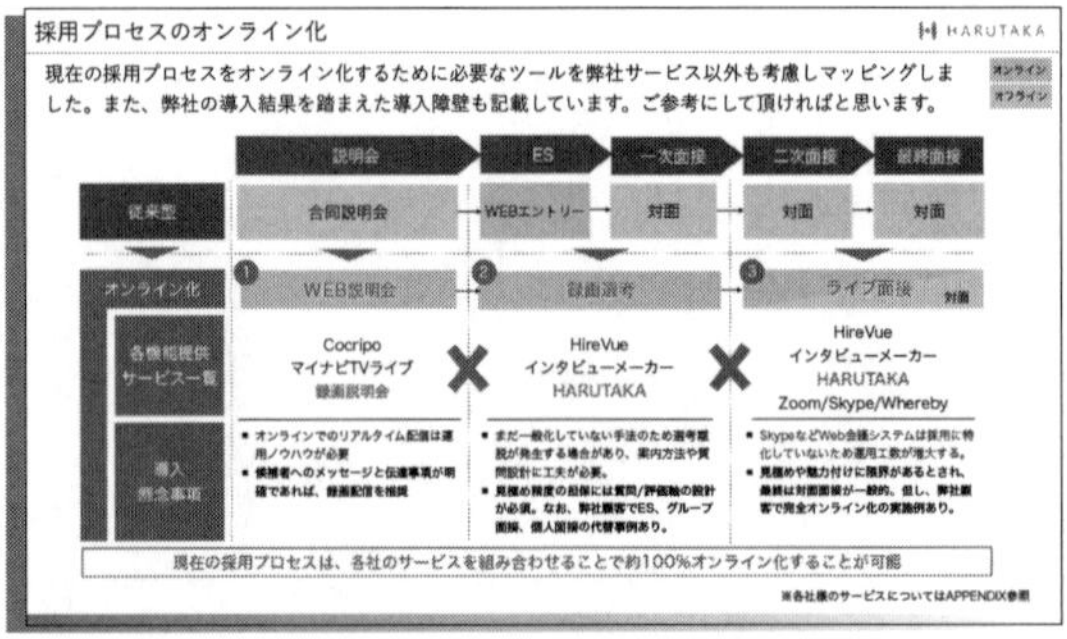

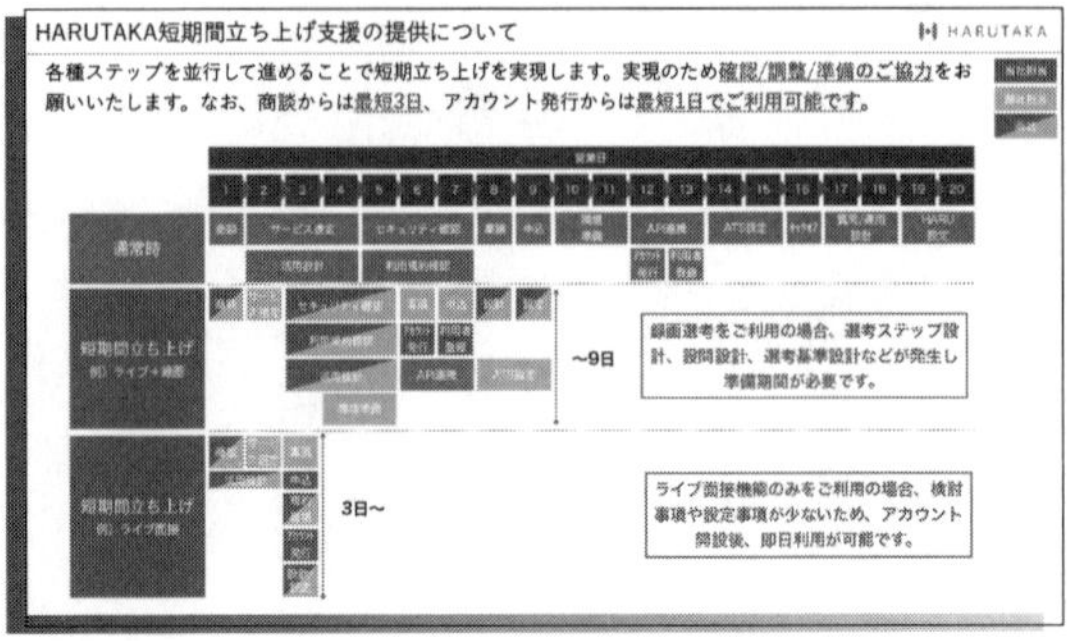

未経験の事態に、適応できる人事の特徴

同時期に、CHRO養成講座を運営するAll Personal社の堀尾司氏の下には、人事担当者からの混乱や戸惑いの相談が殺到していました。堀尾氏と我々は、未曾有の事態に困り果てている人事担当者の実態を調べ、対策を検討しました。人事は、早急に対応しなければならない事案に迫られていましたが、社内事例がなければ即座の対応は困難です。人脈がなければ相談もできず孤独でした。そういう人事が皆同じように悩んでいたのです。

そして、「各企業の人事を孤立させていてはいけない。彼らだけでなく、すべての従業員が混乱する」という危機感から、人事の悩みと知恵を集める場として「コロナ禍の人事相談所」と名付けた、いわばオンライン上の駆け込み寺を開設しました。1回目の相談所は、緊急事態宣言が出た直後の4月7日でした。

最初は、「役員が対面の面接にこだわるから、リモート対応に切り替えられない」という危機感のギャップのような悩みが多かったのですが、次第に「防疫や保証の対応をどうするか？」という最新情報を求める声や、「業績影響が甚大になりかねない、最悪の事態

に備えて解雇の考え方を知りたい」「リモートに切り替えたが、従業員のメンタル状態が気になる、有効な確認方法や対応について教えてほしい」など、深刻なものまで、率直かつ目の当たりにしている生々しい課題への質疑応答や、対話が次々となされました。

第2回以降は、ファシリテーター役のゲストもお呼びしました。コロナ禍に積極的に対応している会社の社長や人事のトップの話を聞こうというわけです。あるいは人事の専門家にも参加してもらいました。

そこですべての相談の解決策までは提示できなくても、「お宅もそういう悩みがあるのですか」というやり取りができるだけでも違います。

こうした相談所は、全部で17回開催しました。延べの参加者はおよそ700名です。私たちとしては、コロナ禍の人事の悩みと対応状況を幅広く把握することができました。

このように、人事自体も今後はつながりを築かなければ立ち行かなくなる可能性が高いと思っています。

我々は企業を超えてさまざまな人事との対話を重ねました。そして、この相談所を通じて、コロナ禍の緊急事態に、スムーズに適応できる経営や人事の傾向がくっきりと見えてきました。

緊急事態に直面した際に、戸惑う人事と適応する人事の判断基準の違いはどのようなものでしょうか（図表6参照）。

リモートワークでは、現場の状況を捉えにくく、滞りなく稼働しているのか、適切にコミュニケーションができているのか、サボってはいないかなど、管理者側はどうしても疑心暗鬼になりがちです。そうしたなかで、即時にリモートワークに対応し、従業員の安全を確保できる人事には、マインドセットの面で明確な特徴があることがわかってきました。戸惑う人事と適応する人事では、性悪説か性善説かというように、人材管理の基本的なスタンスが違うのです。人事は、現場のマネジメント支援を担

〈図表6：未曾有の変化に戸惑う人事、適応する人事〉

「戸惑う人事」の判断基準		「適応する人事」の判断基準
性悪説	▶	性善説
雰囲気	▶	明文化
効率化	▶	余白をつくる
バッチ処理（まとめて）	▶	リアルタイム処理（その都度）
ワーク or ライフ	▶	ワーク and ライフ

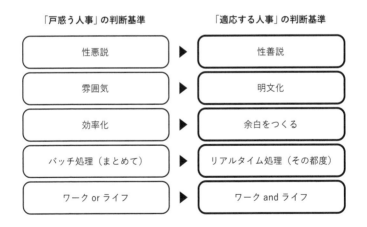

う面がありますので、その会社のマネジメントのスタンスと読み替えることができます。戸惑うことなくスムーズに対応できた人事は、普段から性善説に立ち、従業員への気配りと信頼が前提にありました。リモートワークで見えない環境でも、管理よりむしろ余白をつくる工夫を第一に考え、全体を画一的にまとめて対応せず、一人ひとり、都度、個別に対応していました。

在宅では家庭環境と労働環境が近接しますが、もとより、仕事あっての生活、生活あっての仕事という全体に配慮していたため、大きな影響はなかったようです。たとえば、労働時間の柔軟性。職場と同じように9時から5時でなくていい。働き方の柔軟性を持っていい。当然、以前から従業員を信じて、裁量を認めていた会社は、そこに何の躊躇もありませんでした。子育てとか介護があっても、離脱可能な働き方をそもそも導入できていたからです。

そうでなくても、経営や人事が素早く状況に適応した企業は、出勤をしなくていい安全性を早期に整えることができました。同居世帯の場合は特に、従業員の親や子どもが出勤を心配します。夫婦のいずれかが家庭にいる場合もそうです。そういう家族の顔を思い浮かべて、早期にリモート環境を整えるということ自体、ある意味、生活に配慮した働き方といえるわけです。

また通勤手当の代わりに、家庭で働きやすいような設備投資資金を手当として出した企業もあります。通信費の補填や、テーブルや椅子といった簡易的なオフィス設備を整えられる手当です。そんな対応を当たり前に行う。しかも対応が早い。そうした企業は柔軟性があります。予測不能なブラックスワンが起きた際にも生き残る可能性が高いといえるのではないでしょうか。

また、適応できる人事は、平時からあらかじめ全社共通の基準や考え方を明文化していました。そのため、ルールづくりや従業員とのコミュニケーションをスムーズに行うことができ、リモート環境への切り替えにおいても困ることは限定され、スムーズに対応できました。むしろ、この状況を、より一丸となるチャンスと捉えて、さまざまな取り組みを行っていた例もあります。

一方、戸惑い、対応に困った人事は、業務との調整に終始してしまったようです。従業員は放置すれば働かないという前提に立ち、管理や監視の手段を探し、全社画一的に、まとめて発信対応するバッチ処理型の一方的なコミュニケーションを行い、状況に身を任せて、曖昧な課題をそのままにしてしまいました。仕事は、家庭や生活から切り離されたものという固定観念から在宅勤務での働きやすい環境整備に苦戦し、その結果、生産性は著しく低下してしまいました。在宅勤務に切り替えをしない判断をせざるを得ない企業もありました。

何が、こうした対応を分けたのでしょうか？

人事や経営者の話を聞いてわかったことは、変化対応できた企業は、従業員の顔を想像できたのです。戦略や戦術の先にある心情を交えたストーリーが描けていたのです。なぜそれができるかといえば、経営や人事と従業員の間に、そもそも人と人としての強いつながりがあったからです。従業員のやる気がイメージできるから、その戦略をマネージすることができるのです。従業員本人だけではありません。彼を取り巻く家族や大切な方々の存在までイメージできるのです。

一方で戸惑う経営や人事は、その先に従業員や家族の顔など連想のしようもありませんでした。

最も大切なポイントは従業員個人が自発的に躍動することです。それは、メンバーの自立心であり、マネジャーがいかに支援的に導くサーバントリーダーシップを発揮するかということなのです。そのような企業人事を行う企業では、普段からメンバーの自立とマネジャーの支援が機能しており、リモートワークの環境下でも生産性を維持しやすい傾向がありました。

日常から従業員との信頼関係を築いてきた企業や人事は、比較的スムーズにリモートワークにスイッチすることができました。逆に、信頼関係が十分でない企業や人事の場合は、不信感が募るため、新たな手法へのスイッチに戸惑ってしまうのです(図表7参照)。

〈図表7：リモートワークに適応するチーム〉

	メンバー	マネージャー
マインド	自立	支援
パフォーマンス	暫時具体的な実行	明確・具体的な指示
管理	セルフ・マネジメント	限度の把握（ストッパー）と支援
コミュニケーション	都度相談／助けてもらう	グッドフィードバック／オープン
人間関係	クロスファンクション（組織の垣根なく）	ネットワーク構築

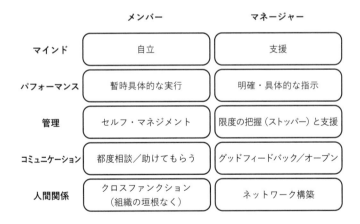

会社と雇用の維持をともに継続するというジレンマ

コロナ禍は経済を停滞させ、企業の規模を問わず、厳しい現実を目の当たりにしました。ＡＮＡホールディングスは２０２０年10月27日、２０２１年3月までの1年間の業績予想を公表しましたが、最終的な損益が過去最大の５１００億円の赤字になる見込みという衝撃的な発表でした。

東京ディズニーランドを展開するオリエンタルランドは、コロナ禍で東京ディズニーランドとディズニーシーが２０２０年２月末から臨時休園となり、７月１日に再開しましたが、正社員と嘱託社員約４０００人の冬の賞与は当初計画の７割減、約２万人といわれるキャスト（アルバイト）には休業補償を支払いましたが、企業、従業員双方にとってこれまでになく厳しい状況が続きました。

平時に計画した事業が継続不能となるなか、人事面においても多くの企業が厳しい現実に直面したのです。

変化対応を続ける企業において、「会社の維持」と「雇用の維持」の両面を貫くことには、大きなジレンマがあります。コロナ禍は、この普遍的なジレンマ構造を顕在化させました。ジレンマとは、いずれも正しいという構造です。つまり、単にいずれかを選択することは、誤りでもある。それだけ厳しい差し迫った状況であり、覚悟の伴う状況なのです。従業員の力がなければ会社の原動力を失い、成長や発展が見込めません。何より、社会的な機関としての会社は、雇用をつくり、人々の生活を支えてこそ存在意義があるという考え方もあり、コロナ禍のような社会全体の危機において雇用が守れず、従業員を路頭に迷わせるわけにはいきません。しかし、すべての雇用を守ろうとすれば、会社が潰れてしまい、あるいは事業が衰退してしまいます。そうすれば、結果的に雇用は守れない。できる限り痛みを抑えて、柔軟に変化への対応を行うことが問われています。

オールドノーマル（旧常態）では、ハード面の人事こそが大事でした。わかりやすく企業目的に対する組織機能を定め、機能を果たすための能力を発揮させる。そのために、人材能力を査定・配置・評価し、計画通り能力を発揮する管理を行うという機能です。しかしこれは、変化が予測可能で、安定的な環境下だから最重要だったのです。

ニューノーマル（新常態）下では、予測不能で、想定外の変化への対応や柔軟性の重要さが増しています。そうした局面ではハード面以上に、ソフト面が重要になります。人事の役割は、柔軟な組織づくり、互助のネットワークの形成、自立する個人のサポートに変わります。これは、人と人の「つながり」に重きをおく新しい人事と言うことができます。経営環境の前提が、安定から変化に転じることで、固定した組織や業務設計ではなく、自立した状況判断と対応を行える人と人との「つながり」が組織の柔軟性を高めることに寄与することがわかりました。

パンデミックの危機下において多くの企業の人事は、細心の注意を要する厳しい状況にあります。だからこそ、組織のハード面（組織機能の構造）だけではなく、ソフト面（人と人との信頼関係）に心を配ることが大切なのです。あらゆる状況において、最後まで思いやりを持った対応を尽くすことがとても大切です。

コロナ禍において深刻な被害を受けたのが外食産業です。きりきりするような緊張感の中で、多くの企業が細心の注意を払って経営判断を下していることが想像できます。ここでは、危機下において、人と人の信頼関係という「つながり」への配慮を欠かさずに、対応した外食産業企業の一例を紹介します。

同企業は、コロナ禍においてお客様と従業員の生命を第一に考え、真っ先に店舗を閉める判断を下しました。本社オフィスを売却、移転し、固定費を削減。可能な限り雇用期間を延ばしました。

　また、同企業の経営者は従業員に対し、宅飲みなどの新たな需要開拓に加え、物流業や小売業などの労働需要が見込まれる企業への副業を促しました。瞬間的に労働需要が消え、生まれる外的な変化に対し、迅速に労働移管を行う同企業の対応は、顔の見える従業員の安全と安心のために邁進する人事の姿、そして「信頼関係」を重視し、会社を超えたつながりを見出す姿勢がありました。

　一方、雇用の不安定化が限定的であったインターネット産業からは「コロナ禍において事業活動に従事する従業員に心を配るとは、どのような行為なのか」という学びがありました。この産業では、リモートワークへの切り替えはスムーズでした。むしろ、働く場所を問わない職種や組織もあることから、数年前から都市部一極集中のリスクを懸念して地方拠点を本社化する経営判断があり、コロナ禍の影響がほぼ発生しないという企業さえありました。前もって人間的な暮らし方、働き方を追求する企業が生まれていたということです。

　また、ある企業では、リモートワークを推奨するにあたり、迅速に自宅の環境整備を目的とした一時金を配布し、通信手当を支給しました。さらに、感染リスクがあるなかでの出社が必要な場合は、緊急出勤手当を新設しています。会社都合で、出勤の必要性が生じる面への配慮です。在宅勤務の見えない状況において、パルスサーベイなどを通じて、状況把握に務めることはもちろんのこと、互いの密な連絡を心がけ、リモートワークにおける働きやすさ、生産性の維持・向上の対応も進めています。

グローバルな組織体制を有するある企業では、「社員が母国に帰れない、あるいは帰国後にオフィスに戻れない」という地理的な制約・問題に直面しましたが、事業活動を迅速かつ安全に遂行できるよう、従業員に寄り添い、従業員間のネットワークづくりに奔走しました。

人事相談所に参加してくれた人事担当者は「心を寄せるということの重要性が改めて認識できました。人に寄り添う心がすべてです。経営者も小まめにメールを送ることで社員のケアをしています。こうした新常態を通じて、オンライン・ベースで新しい文化を作るチャンスだと思います」と感想を述べています。危機下における「つながり」の重要性を教えてくれたのです。

危機における人事には、組織の柔軟性、互助のネットワーク、自立する個人のサポートという新たな役割が重要になります。

そして、予測不可能な環境への対応は、自社完結では困難なことがほとんどです。コロナ禍の混乱のなか、率先してイノベーティブな対応をした企業人事・人材業界のプレイヤーは、会社という境界線を簡単に超えて、人と人をつなげることに邁進しました。

会社や物理的な制約を超えた勇気ある変革、行動こそが、危機を乗り越える打開策となるのです。

ヒューマン・リレーションシップスという人事の大変身

HRという経営の根本概念を人的資源管理から「人と人とのつながりの支援」に転換する「ヒューマン・リレーションシップス」という新たな概念は、危機において人事のあり方を見つめ直した結果、再認識できた人事の英知だと考えています。通常のハード機能では、労働力を社内や部内に「留め」、分業で「閉ざし」、管理しやすい単位に関係を「断つ」ことで効率を求めます。人間中心に適応したソフト機能では、必要に応じて人材を「移し」、共通財産として人の意識を「開き」、ネットワークとして人材を「つなぐ」のです（図表8参照）。有事において際立って、ソフト機能を最大限に活かす対応が功を奏していました。近代における暗黙の常識である組織構造を管理・監督しているうちに、芽生えにくかった人間中心の人事こそ、イノベーティブな対応の核心ではないかと思います。

イノベーティブな人事は、人は社会の財産なのだという意識に根差しています。

私たちもまた、コロナ禍のイノベーティブな企業人事の対応から危機と変化が常態化し、不安定が前提となる環境における人事のあり方を数多く学ぶことができまし

〈図表8：人事のイノベーティブな対応〉

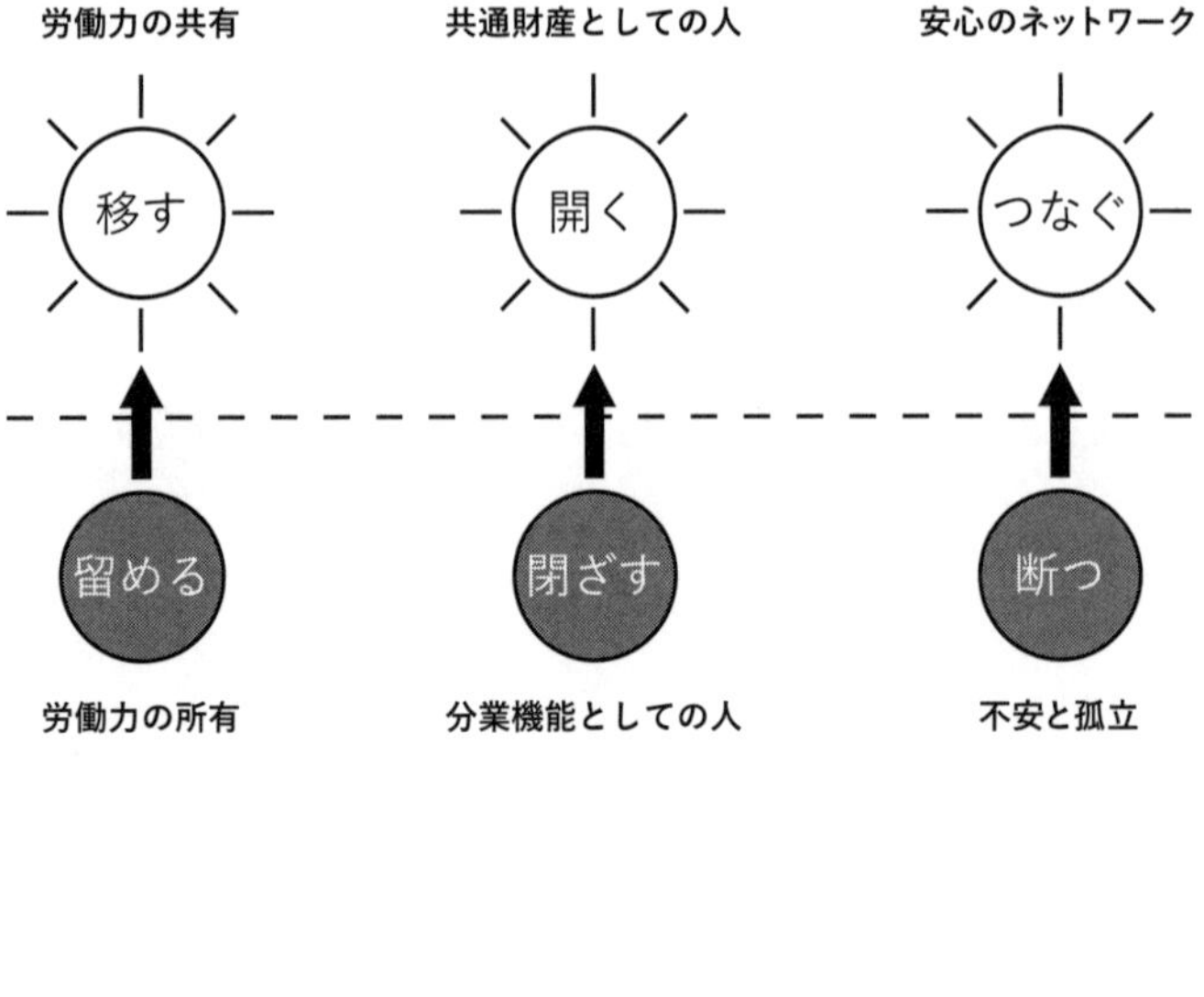

た。

これらの経営と人事の迅速かつ柔軟な対応には、これからの人事像を考える示唆がありました。私は以前、中堅企業の代表取締役を務める、人事部長に人事のあり方について教えていただいたことがあります。昔の話ですが、人に向き合い、才能を引き出す家族経営の人事担当者がいたそうです。その人は、「彼は今、親の介護が大変だから」「借金があって苦労しているから」と上司が気づいていない従業員の悩みをなぜか知っていて、本人、そして上司や同僚に対して的確なフォローを入れる。そうした従業員が活きる環境をつくるプロフェッショナルがいたという話です。まさにサーバントリーダーシップの鑑のような人です。このように徹底的に人に寄り添う人事が、私のイメージする家族経営の人事像です。

一方で、現代は経営環境が複雑化、多様な人材や能力の管理が求められ、人事機能のうちハード面が重視されています。そのため、経営計画に応じて計画や制度をつくり、予定通りの運用を行う、事務型の人事が主流となりました。事務型の人事は、従業員の顔が見えないことで効率的な運用を行ってきましたが、コロナ禍において、変化への脆弱性というマイナス面が自明のものとなりました。そして、数年前から人事の目指すべき姿は経営戦略と人の能力の発揮をつなげることができる戦略型の人事に移っています。

しかし、緊急事態において、自社完結の解決は困難だと学ぶことができました。これに比べてイノベーティブな人事は、会社という境界線を超えることができるのです。会社の境界を超えて躍動する人事は、「人は会社の資源」ではなく「人は社会の財産」という共通の価値観を持ち、人と社会のために働く存在なのです（図表9参照）。

現代の経営環境の潮流を捉えるならば、一社完結の就社と終身雇用の時代は終わり、個の自立が求められています。前提が

〈図表9：これからの人事の職掌範囲〉

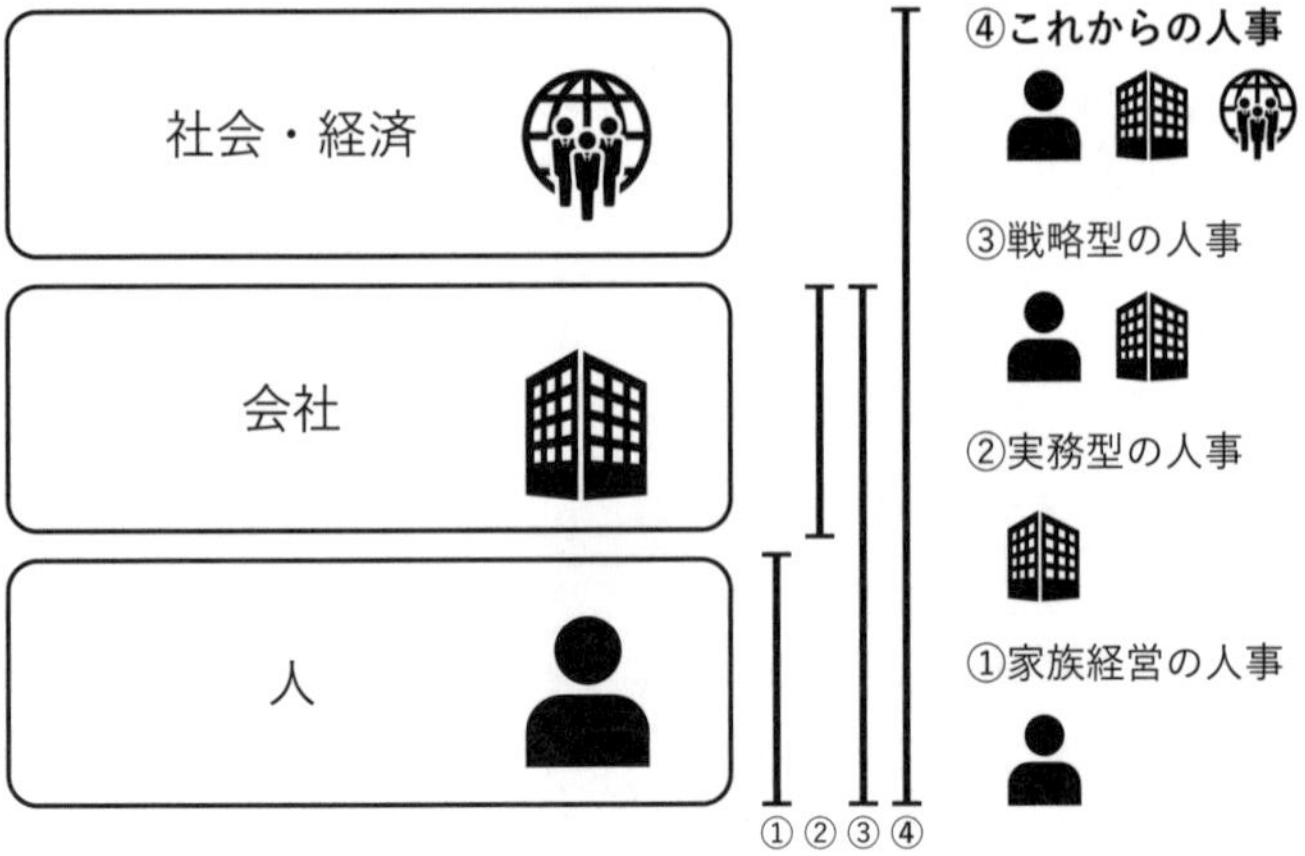

変われば、当然ながら人事の役割も変わります。現代の人事は、社会に開かれて「自立した個人」を支えるというミッションにシフトしていくと考えています。

安定した環境では、計画と実行の確実性が問われます。事務型の人事が主流であった理由はまさにそこにあります。その時代に最も必要だった人事機能は、つくり込んだ制度に基づく人材管理（ヒューマンリソーシズ）です。株式会社が発明されて、組織の巨大化とともに発達してきた従来のＨＲの役割といえます。

そして今、求められる人事機能は違います。現代は安定ではなく、テクノロジーの超進化に基づく、変化を前提とする時代だからです。そのため、変化への柔軟性を高め、臨機応変に環境適応できる人と組織を育むことが第一になります。そのためには、企業組織のソフト面である「人と人とのつながり」を支えることの重要性が高まるのです。つまり、人事の中心的な役割は、入社から退職までの一方向的な経営資源の管理システムの運用者という機能としてのＨＲ＝Human Resources（リソーシズ）から予測不能な環境への柔軟性と自立を育むＨＲ＝Human Relationships（リレーションシップス）に大変身していくのです。

ヒューマン・リレーションシップスは、経済性につながる

ＨＲは、人材資源管理から人と人の「つながり」のマネジメントにシフトしていきます。実際、マーケット感覚の優れた人事は、自ら人材マーケットにアクセスして人と人の「つながり」を生み出すことで、経済合理性を高めています。

採用競争力がない企業であっても、たとえば人事部長自ら、特定技術に強い専門学校にアクセスして、学校関係者、学生、卒業生との「つながり」をつくり、いつでも人材にコンタクトできるようにしている企業もあります。経営戦略、事業戦略、人材戦略を踏まえて、これから戦略的に必要な人材マーケットにアクセスでき、その人たちと通じていることが、人事の価値なのです。

また、ある経営コンサルティング会社の話では、さまざまな企業から「企業文化からは生まれない、デジタルや新規事業の新たな組織体制を立ち上げたい」という案件が増加傾向にあるそうです。問題なのはその際、たとえば「ミッションを遂行できるマネジメント、社内人材が半分、社外人材が半分」という構成でチームを構築するのですが、社内のタレ

ントデータベースから適任者が把握できず、社外の人材マーケットには人材紹介会社を経由しなければアクセスできない。そのため、多額のキャッシュアウトが発生しているということです。加えて、職務経歴上はミッションに応じた組織体制の構築までは推進できるのですが、旧態依然のマネジメントが邪魔をして、またメンバー間の信頼関係が築けずに、多額を支払って生まれたチームが結局はワークせずに短期間に空中分解してしまうことが少なくないのです。

新しいことに取り組むことは、当然簡単ではありません。既存のマネジメントだけをこなしてきた社内のマネジャー、社内に閉ざした事務型の人事では到底、対応できないのです。

これらは、社外の人材マーケットとの「つながり」の一例です。そして、社内における組織のマネジメントにおいても、「つながり」の重要性が高まっています。

図表10は、企業組織におけるマネジメント・ポートフォリオを表しています。

安定した環境で、最も生産的なマネジメントは再現性のある勝ちパターンの構築でした。効率性と画一性を重視した資源管理が求められるからです。毎日、効率よく繰り返し、トラブルやエラーを排除するマネジメントです。一般的な営業管理、コールセンター業務、工場のライン業務などがまさに対象です。

画一と効率のためには、金太郎飴のように「似た人材」を採用・育成することが重視され、「出る杭」のような規律を乱す人材を受け入れないことが組織の成果を最大化する秘訣でした。

現代はイノベーションが経営戦略の中核ですが、画一性の高い環境でも、イノベーションは起こせます。トヨタの「カイゼン」のようなプロセス・イノベーションがその代表例です。

これら画一性のマネジメントは、予定調

〈図表10：マネジメント・ポートフォリオ〉

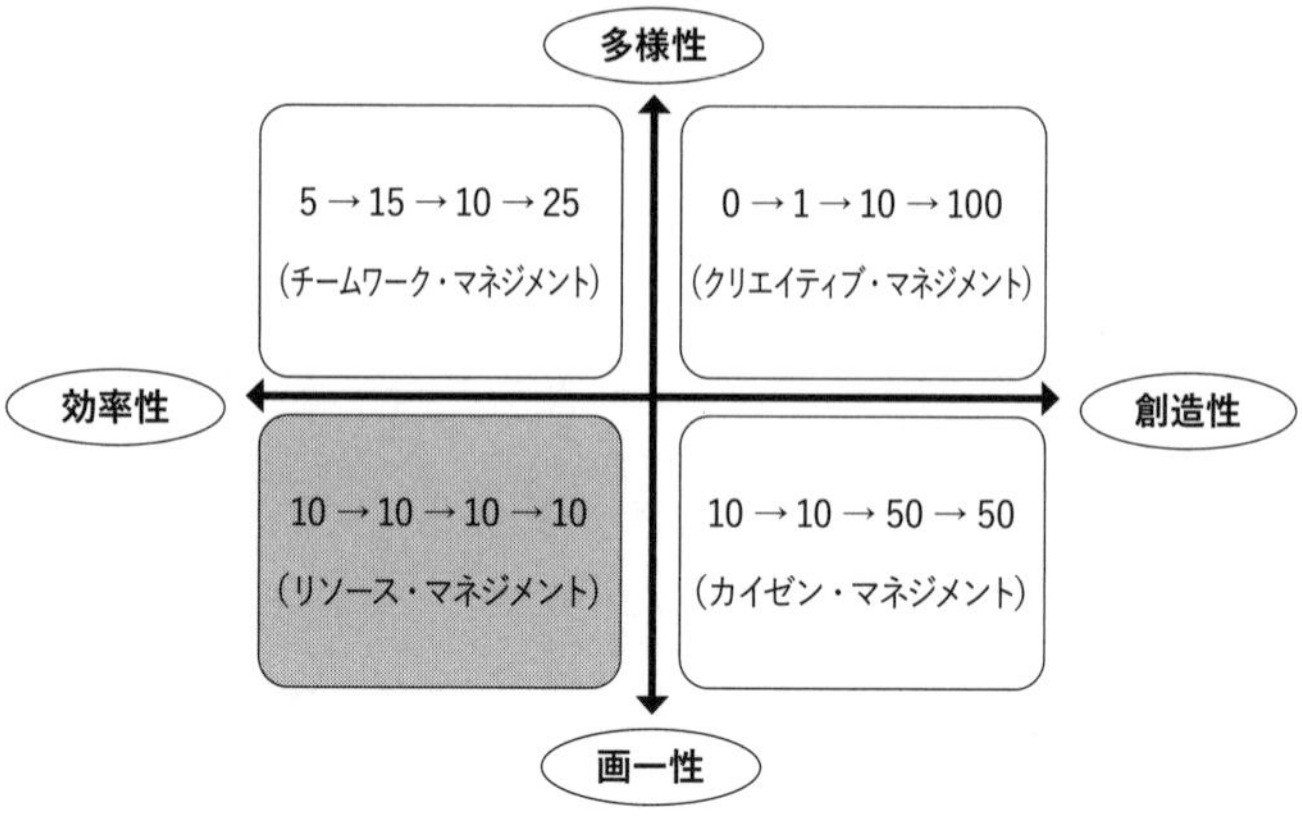

和の平時における一般的な企業システムであり、その人材管理なのです。職場において個性や感情、人間味という非効率なことを排除・抑制することで、将来が予測可能になります。この場合、人は期待通りに動くことが大切です。企業組織のハード面を重視し、企業目的を果たすための組織機能と人材の能力を予定通り発揮させる制度運用に落とし込めるわけです。

同質的な集団に所属していると、メンバーは視野狭窄になるといわれています。組織や企業の外にある多様な機会や価値観への関心を失い、イノベーションの機会を認識できなくなります。これは「経路依存性」と呼ばれる大企業病です。

一方、現代には多様な価値観、ワークスタイル・キャリアが共存しています。ダイバーシティとイノベーションの関係については、リー・フレミングの特許と多様性を分析した研究が有名ですが、メンバーの多様性が高い組織でなければブレイクスルーは起きないのです。

ダイバーシティ&インクルージョンを進めると、その反面で画一性は低下していきます。そこで、チームワークの形成が必須事項となります。つまり、多様性を受け入れておきながら型にはめることはできないので、人と人の信頼関係、つながりのマネジメントが不可欠なのです。

さらには、創造性と多様性のクリエイティブなチーム形成は、あらゆる企業の生存上の最優先課題です。このような旧来とは全く異なるチームを、人事が意図的に手掛けることや支援することができるならば、それは人事がイノベーションの起点であり、経営戦略における中核的な存在になるということです。

これからは、平時の安定的な業務だけでは通用しなくなります。常に起こる企業存続と雇用のジレンマ（会社の維持か雇用の維持か）はこれからも続きます。そうした中で、柔軟な組織、互助のネットワーク、そして自立する個人を支える存在になることが、人事が人と経営に貢献する道筋です。画一的な価値パターンの踏襲だけではもはや生き残れません。

多くの企業が、画一的なマネジメントにより経路依存性の病に陥り、その先には成長戦略を描けない現実に直面しています。生まれたばかりのベンチャー企業から、歴史ある巨大企業まで、すべての企業が既存ではない状態を求められています。

コロナ禍が顕在化させた多くの課題は、これからも続きます。そこで得られた気づきは、アフターコロナの成長戦略を描くためにも重要な気づきであるはずです。

そして、ここで説明してきたヒューマン・リレーションシップスの力を発揮するためには、人がその限りある能力に制限されたアナログ人事からの決別が必要です。今や実用化が進むAＩなどのテクノロジーを駆使する人事となり、旧来の経路依存性を超えて、ダイレクトに人と人をつなげる力を手に入れることが、人事最大の課題となるのです。

この章のまとめ

・パンデミックの到来によって、あり得ない出来事＝ブラックスワンは起こるということがわかってしまった
・ニューノーマル（新常態）では、ダメージからの回復力であるレジリエンス、そして組織の柔軟性が何よりも大切になる
・そのために必要なのが人と人との関係性の強化であり、異文化が触れ合う環境であり、企業機能のソフト面である「つながり」。それを支えるのが人事
・人事部（担当者）は孤独である場合が多いので、人事同士のつながりも極めて大切
・コロナ禍にいち早く適応した人事は「性善説」に立ち、従業員を信頼し、常日頃から気配りを欠かしていなかった。そして、互助のネットワークづくり、自立する個人のサポートに力を尽くした
・ＨＲは、ヒューマン・リソースからヒューマン・リレーションシップスに大変身していく

第4章

ＡＩを使う人事、ＡＩに使われる人事

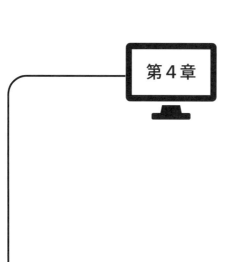

テクノロジーの進化が、変わりゆくことを日常にする

現代の変化を牽引する主役はテクノロジーです。もはや疑いようがありません。レイ・カーツワイルという人工知能研究の世界的権威が２０４５年にシンギュラリティ（技術的特異点）が起こるという仮説を唱え、「今後１００年の間に、これまでの2万年分に相当する発展が起こり、人類は未踏の知性を得る時代になる」と予測しました。これは、指数関数的な進歩を意味します。直線的な数字では、１、２、３、４ですが、指数関数では1、2、4、8です。30番目の数字は、前者では30ですが、指数関数ではなんと10億になります。

それにつれて、企業の経営環境も指数関数的変化に見舞われます。かつて３００年かかって起こった変化が30年で、これからは3年で起こると考えたほうがいいのです。

現代の社会人は、インターネット革命によって社会が様変わりしていくことを目の当たりにしてきました。世の中が変化することは、自明の事実として理解されるようになりました。

実際、新たなテクノロジーが世界中に普及する速度はますます短くなっています。電話、

自動車、インターネット、スマートフォンなど、イノベーションと呼ばれる世紀の発明は、世界の風景を変えて初めて完成します。グローバリゼーションやサプライチェーンの高度化、インターネットによる情報拡散などが加わり、イノベーションの普及速度が増しているのです。

少し古い事象を取り上げるならば、驚異的だったのが、「ポケモンGO」というスマートフォン向けのゲームの大流行です。リリースから1週間も経たないうちに、世界中の都市や街中にはポケットモンスターの採集家があふれました。ユーザー数が5000万人に到達するまでの期間を比較すると、Facebookが1325日、Twitterが1096日、LINEが399日、スマホゲームの最速記録が77日ですが、これらと比較して、ポケモンGOは19日という短さです。単に普及速度が速いだけではなく、世界中の人々の行動を一瞬で変えたという事実に驚きを覚えましたが、それはインターネットとスマートフォンという世界共通の規格によって実現した、日常の変化でした。

このように、新たなテクノロジーが社会実装されて世界中に広がるまでの年数は極めて短くなりました。そして、今やAIが社会実装されていく局面に入りました。すでに新聞や雑誌でAIという言葉を見ない日はないほどです。

ＩｏＴ（インターネット・オブ・シングス）といった概念も一般的に認識されるようになりました。これは、センシング技術の発展と、ネットワーク技術の発展、そしてＡＩの発展などが複合的に進化した世界観です。実在する世界のあらゆる情報が、インターネット上にデータ化され、ＡＩが超高速にデータを解釈、処理することで、仮想空間だけに留まらず、リアルな現場までを変えていきます。実世界と仮想世界が同期する世界です。

２０２０年5月、ＧＡＦＡＭ（Google、Amazon、Facebook、Apple、Microsoft）の時価総額が東証一部約２１７０社の合計時価総額を上回ったと日本経済新聞が報じました。新たなテクノロジーとプラットフォームを制する、ごく一部の企業が社会インフラを担い、独自のルールを定めるような社会が到来しているのかもしれません。

しかし、Google の親会社である Alphabet の売上構成をみると、その約7割が広告収入です。Facebook においては、ほぼ全ての売上が広告収入です。そして、日本国内における広告費はＧＤＰ比でみると約１％にすぎません。そのごく一部を Google や Facebook が収入源としているのです。また、小売業である Amazon ですが、国内の BtoC 取引におけるＥＣ化率は６、７％に留まります。驚異的な成長性からＧＡＦＡＭなどのテック企業への投資が加熱していますが、実態社会・経済への影響力でみると、まだ限定的と言えそうです。

国内の広告費は、約6から7兆円という規模感です。自動車産業の市場規模は約70兆円。小売業全体の市場規模は約140兆円といわれます。これらの数字は調査機関、試算や集計の仕方により、正確な数字は異なりますが、大まかな規模感の参考になります。

今後、AIの計算能力は飛躍的に成長していきます。直近でも、GPU（グラフィック・プロセッシング・ユニット）性能の実行速度が4年で9倍になり、学習アルゴリズムの効率は1年で8倍となり、コンピューティングの進化は加速しています。

インターネット革命は世界のGDPのたった1％の広告事業を変えました。これからのAIを中心とした技術革新は、自動車、小売業、医療、金融などの世界のGDPにおける中心産業を、リアルとバーチャルの両側面から変えていくことになります。AIの進展は、それだけ大きな影響を社会に与えるのです。

重要なことは、インターネットが変えたのは、新たに生まれた仮想空間と情報産業という一部の経済活動にすぎないということです。ところが我々は、店舗が無人化したり、自動車が自動運転になったり、AIが社会実装された世界を目撃し始めています。すでに始まっているAIを中心とするテクノロジーの超進化は、仮想空間に留まらず現実社会のあらゆる産業を根本的に変えます。テクノロジーが驚くべき速さで進化し続ける世界では、昨日の当たり前が、明日の当たり前と思わないことです。変化が日常なのです。

その点は、アナログの極致である人間を対象とする人事という仕事も例外ではないのです。

すでに取り残されつつある人事

旧来の人事と、人事×テクノロジーの未来は、パラダイムが異なります。

つまり、拠り所とする常識が違うということです。過去からの延長線だけで、物事を判断し、選択、行動していては、当然ながら取り残されます。

人事担当の方には、少し耳の痛い話かもしれませんが、多くの人事担当者は、目の前の業務を楽にすること、正確にすること、短い期間での改善にしか興味がないのかもしれません。残念ながら、どれだけAIをはじめとするテクノロジーを既存業務の改善に用いても、5年後、10年後には無効化される努力になりかねません。

人事の方々とお会いする機会が頻繁にあるのですが、テクノロジーへの理解も不十分なまま、目の前の業務に対して「安く、早く、便利」に改良してくれることばかりを期待されます。ビジネスシーンですから、当然ながら応えるべき要望です。しかし、ニーズの対象期間が数か月というケースが多く、1年以上の変化を想定することは稀です。それでは時間軸が短すぎます。

少ない予算、短い期間、多忙に追われる日々、その結果、新しいテクノロジーを前にしても、「既存業務に利用可能なツールかどうか」という判断に終始してしまいがちです。

経路依存性という言葉があります。決断が、過去の制約条件に縛られることを意味する経済学の概念ですが、人事こそ注意が必要です。複雑化する経営環境に対応するために、構築してきた仕組みの改善と運用に追われ続けている状況を、頻繁に目にするからです。自覚がある場合は、後手に回っているといってよいと思います。

新たなパラダイムに向けて、今から準備を行うならば、「人の限界」を認識することが大切だと思います。

多くの人は、経験を重ねることで思考を簡略化するようになります。その結果、無意識のバイアスやメンタルモデルが生じます。「表情の明るい人は、コミュニケーションに支障が出にくい」「成功体験があるから次もうまくいく」（失敗体験があるから次もうまくいかない）などと自然と考えているということです。固定された環境、毎年恒例の業務であれば、思考の簡略化は便利で効率的です。しかし、状況が変わると何も対応できなくなるのが、バイアスやメンタルモデルです。

また、人が認識して、考えられる複雑性には限界があります。だから人事制度、評価制度などは、人が運用可能なくらいにシンプルに整理されています。実態・実際とは、異なる簡略化された情報のみが、人の判断の対象になります。

人事が相対するのは、人です。人は、まだ科学が解き明かしていない対象なのです。何よりも複雑な対象を相手にしているのが、人事なのです。

その一方で、「あなたの会社の人事は、どの程度まで従業員の実態を捉えていますか？」という質問に、「7～8割は理解している」という感覚値を示す人事の方が多いと感じています。もちろん、質問者と回答者の前提が異なるために起こる認識のギャップですが、人事担当者は、適切に、正しく人事管理できていると思い込んでしまっていないでしょうか。まさに、この思い込みこそが、人事の経路依存性を強化する発想となり、現時点の機会を正確に捉えきれない理由になってしまうのではないかと危惧しています。

人事のハード面とソフト面を思い返してください。ハード面とは企業目的に対する組織機能を定め、人材能力を適切に配置し、計画通り能力を発揮するように管理する機能です。比べてソフト面とは、人と人の「つながり」に重きを置く柔軟な組織づくりや互助のネットワーク形成などを指します。

これまでのアナログ人事では、ソフト面は介入が困難でした。ＡＩをはじめとするテクノロジーをうまく活用することで、そうした領域にも今後は踏み込んでいけるはずなのです。

人事×テクノロジーの今、人事が成すべきこと

人事システムという全社に影響のある仕組みを、複雑化した経営環境に適合させて正確に運用することは、本当に至難の業であり、その苦労たるや、想像するに難くありません。その反面、強大な影響を持つ既存の人事システムにとらわれるあまり、システムを安定さ

せる発想に陥り、その制約と視界の範囲に縛られて考える癖がついていることを危惧しています。

本来ならば、経営の中核であり、イノベーションの源泉である「人」の能力を引き出すというミッションから始めるべきだと思います。たとえば、目の前に「熱意ある若手社員」がいるとします。彼、ないし彼女にとって、「最も活躍と成長を遂げる環境はどんな環境なのか？」「職種との相性は？」。また「上司との相性はどうか？」「どんな現場ならばトラブルが起きにくく、成長しやすいのか？」「スムーズに活躍にまで至るプロセスとは？」「より強いコミットメントを引き出すには、どんなコミュニケーションがいいのか？」「どんな専門性を身に付けてもらうのがいいのか？」など、この人が今後の経営を支える人材になっていくには、どのようなラーニングジャーニーをたどってもらえばいいのか。経営人材に育て上げるには、どんな試練を与えるといいかを、入社時に考え対処することは、人事の重要な役割です。

しかし、そこに模範解答もなければ、判断すべき根拠も乏しいというのが実情です。もちろん時間もない。たった1人のタレントから才能を引き出し、活躍に導くことでさえ、人事にできることは限られています。それを年間数百、数千人に行うことは不可能です。

だから、経営人材の候補者として採用した一人ひとりを、結局は千尋の谷に突き落とすがごとくに現場という大海原にリリースして、現場での幸運と、本人の努力や才能に委ねるしかなくなってしまうのです。何年か後に再び、自分の前に、幹部候補生として浮上してくることを願うしかないのです。100名を採用して、教育して、1名が偶然、運良く経営幹部になったとして、この発現率を意図的に向上できないならば、人事は無力感を覚えてしまうでしょう。アナログな人事は、このような限界を抱えた業務なのです。

ところが今後は、人事情報データベースにAIを実装することで、一人ひとりのその後の活躍の的確な後追いができるようになるのです。それにより、たとえばある人材が四半期という短期間の目標達成に追われて、疲弊し、近視眼的になっていく問題の未然対応や、現場の圧力に潰れないうちに、的確に支援することもできるようになるでしょう。

そうしたシステムを構築していくことが、テクノロジー共存時代の人事と技術開発者に共通するミッションだと思います。

実際、さまざまな人事課題においてアナログ人事の限界が現れています。その一例として硬直化した組織でメンバー間の摩擦や離脱、はたまたメンタルヘルスの問題が顕在化しているという職場は数多く存在します。

一体、何が問題なのでしょうか。

「人前で怒鳴りつけるような礼儀に欠ける上司がいる」「事なかれ主義で他人や仕事に無関心なメンバーが幅を利かせている」「少し主張しただけで、出る杭は即座に潰される」「無視される職場の空気がある」など、さまざまな理由がありますが、パルスサーベイでエンゲージメントが低い部署というのは何となくわかっても、どうしたらよいのか、介入できるソリューションがありません。

または、経営直轄の困難なミッションを遂行できるチームが必要になった場合に、社内外から適切な人材を発見し、アサインし、チームを立ち上げ、ワークさせる必要が生じる。そうした場合も、人事の出番であるはずです。ところが今は、そうしたミッションに対して介入のすべを知っている人事担当者はほとんどいません。

これらは、よくある人事課題ですが、旧来のアナログな人事活動ではその遂行はとても難しいものです。

テクノロジー共存の時代において、人事と技術開発者の共創が進むならば、このような人事の本質的な課題への解決策が見いだされ、開発されることになるでしょう。人事にとっては、素晴らしい時代の到来といえます。

本書を執筆している2021年現在、リモートワークを一部強制しなければならない環境にあります。オフィスという職場環境では、たとえ直接会話をしなくても、出勤時間や休憩中の様子、声量や表情などから、同僚や部下のコンディションを知ることができ、仕事や人間関係のストレスや愚痴などを把握するすべがありました。しかし、リモートワーク環境では、余程の関心をもってコミュニケーションしない限り、本人のコンディションや心情は、知り得ない情報になってしまいました。

リモート環境で働く従業員のコンディションやメンタルの把握は、多くの企業において、職場全体の課題となっています。このような状況は、日常的に潜在化していた問題の一部が顕在化したにすぎません。こうした日常的であるが潜在的な問題こそ、人事×テクノロジーにおける重要なテーマといえます。

現在私たちが取り組んでいるアフェクティブ・コンピューティングは、他者の快・不快、ストレスの状態、メンタルの傾向が計測できるようになる技術領域です。この技術を活用すれば、今まで介入困難だったハラスメントやうつ病のリスクが顕在化できたり、深刻化する前に介入する手法を開発できるなど、問題を軽減できるはずです。その結果、原因を回避することもある程度可能になってくると思われます。
　メンタルヘルスはアンケートでもある程度わかりますが、コンディションが悪化して深刻な問題を抱えてしまった方ほど、自分のことを正しく把握できず、実態と乖離のある回答をしてしまうものです。このような状況を見て、「嘘をつく」などと心なき捉え方をしてしまいがちですが、心身が健康でなければ、よりバイアスがかかりやすいという人の特性です。そのような現実を踏まえて、声や表情、生体情報をベースとした検知の方法が研究開発されています。

　大切なことは、人事×テクノロジーのスタンスとして、過去から運用している人事業務、人事システムを効率化するためのテクノロジーという捉え方ではなく、本来の人事ミッションにおいて、いまだ人が対処できていない領域を、いかに人とテクノロジーの協業によって解決するか、という観点こそが、問われているということではないでしょうか。

人事課題としてのデータ資本主義

データ資本主義の台頭も、人事課題と密接に関わっています。データが貨幣と同等の価値を持ち、ビッグデータを保有することが世界経済の寡占につながるいう文脈です。

データ資本主義が、プライバシーという個人の権利を侵害する可能性があることは論を俟ちません。数々のプラットフォーマーが登場して、インターネットを介した仮想空間上のアクティビティをトレースし、そこで行き交う貴重な個人情報を入手できてしまうからです。

そもそもプライバシーの原則に照らせば、個人情報は当然、個人が所有するものであり、それを守るのは個人の権利です。マーケティング重視といった企業論理で都合よく使われてよい類いのものではありません。

そうしたことがまかり通れば、個人の安寧は根本から脅かされてしまいます。企業のマーケティングに使われるだけではなく、監視社会が現実のものとなる懸念が高まります。個人情報が勝手に使用されたり、自分の意志が脅かされることもあり得るわけです。そうなれば、それこそ民主主義すらも操作可能になってしまうのです。だから、法規制や自主規制が必要です。一方で、規制ばかり強化し、リスクを恐れ続けるようでは、ただ対応が遅れ、国家や企業は貴重なノウハウが不足し、後手に回るばかりです。数年も足踏みしていれば、追随不可な状況になりかねません。

企業においては、マーケティングの側面だけでなく、この問題は人事領域でも同様に大きな課題です。人事にとっても、データ資本主義に対する規制の流れは無視できません。むしろ、生体情報や生得的な情報にふれる可能性のある人事こそ、テクノロジーが生み出す新たな現代社会の問題に目を向けて、先進的な対応が求められるのだと思います。

もっとも、こうした状況は先行する企業の事例から読み解くとわかりやすいでしょう。今、世の中はGAFA、つまりGoogle、Apple、Facebook、Amazon。あるいはFANG、つまりFacebook、Amazon、Netflix、Googleという世界を席巻する米国の企業群、また中国のプラットフォーム企業群の2つの脅威にさらされているといわれます。

2016年、日本で「官民データ活用推進基本法」という法律が成立しました。その背景には、GAFAや中国に対する脅威論がありました。そこで、政府や日系企業が有するビッグデータを広く開示して、誰もが活用できるようにしようというものです。

多くの人がスマートフォンを所有して日々さまざまなかたちで活用しています。その行動から行動情報、閲覧履歴、信用情報など、プライバシーに関わるあらゆるデータが吸い上げられています。欧米企業にせよ、中国企業にせよ、その仕組みを持っているプラットフォーマーなどがそのビッグデータを構造的に所有し、そこから価値を見出し、さまざまなマーケティング戦略を仕掛けています。監視もでき、インセンティブの付与や提示による勧誘も可能です。

その一方で、ＧＤＰＲ（ＥＵ一般データ保護規則）に代表されるように、当然ながら個人情報＝プライバシーの保護という流れも強くなってきています。ある意味での監視社会の中で、個人情報がいつの間にかビッグデータの一部として使われているという状況に抗う法整備です。ビッグデータは当然、国を超えます。日本人の個人情報が米国のデータセンターのサーバーの中に保管されていたとしても、それはごく一般的なことです。国境を超えるそうしたデータのやり取りに対しても待ったをかける動きです。米国はそうした法整備に遅れていて、ＧＤＰＲや日本の個人情報保護法のような包括的な法律が国レベルでは存在しないのですが、２０１８年にカリフォルニア州でＧＤＰＲ並みのプライバシー保護法＝ＣＣＰＡ（消費者プライバシー法）が成立しました。

それでも、ＧＡＦＡといったプラットフォーマーは、個人に対してかなりの影響力を有していることは事実です。公開されている情報を何らかの手段でコントロールするだけでも、印象操作を行うことが可能です。ＳＮＳという今様のメディアに嘘の、あるいは誇張された情報をうまく流すことで、さまざまなプロパガンダに利用することも可能です。大統領選に影響を与えたという考察もあり、それが進めばそれこそ民主主義の崩壊にもつながりかねません。

なぜならば、個人を監視し、各人に対して情報を操作することで、個人の思想や思考、行動に影響を与えることもできるからです。そこまで技術が高度化すれば、政治にも使われます。つまりは民主主義の大前提である自由というイデオロギーの根幹が崩れ落ちてしまうのです。そうした動きに待ったをかける意味合いで生まれたのがＧＤＰＲであり、ＣＣＰＡなのです。

日本も、個人情報の扱いはすでに厳しく規制されていますが、さらに厳格化されることが求められています。

データ資本主義というのは個人が所有する個人情報というデータがお金のように扱われる世界なので、相手のデータを勝手に使うということは、他人の財布から勝手にお金を抜き取って使うような行為なのです。企業も個人も、そのような事態は、当然ながら防がなければいけません。

データ資本主義という大きな流れを理解し、防御策を講じておくことは、国家や企業、個人においても重要です。一部の企業が個人のデータを一元管理し、企業メリットに従って、そのデータを利用するという状況を放置すれば、故意・過失問わずプライバシーの侵害や特定の個人や集団の不利益が生じるリスクが高まります。本来、個人の所有するデータを取得し使用するためには、説明責任はもちろん、許可を得たうえで、対価やベネフィットの交換も必要になるのだと思います。

企業として、ただちに対応・実装すべき範囲は、法律が規定する範囲ですが、テクノロジーの進化に伴い、プライバシーの権利が侵害されるリスクは日に日に高まってしまいます。その対策として法律の厳密化が進むわけですが、これは守るべき最低ラインにすぎません。自社が目指すべき対応を先行して議論し、実装することが重要です。

これが、テクノロジーの進化について危惧すべきポイントの一つです。

企業の人事データを考えてみましょう。多くの会社では、従業員の個人情報を人事が吸い上げて一元管理しています。テクノロジーが進化したので、さまざまな人事関連情報、評価データなどをデジタル化するだけでなく、今ではヘルスケアデータ、既往症、はたまた睡眠の質や毎日の歩数、心拍、血圧、体温、体重や身長なども吸い上げることが可能です。そこまで集めている企業はまだないでしょうが、遺伝子情報など生得的なデータまで、そこに入ってくる可能性すらあるのです。そうした情報の保護は、何にも増して大切なはずです。

たとえ個人が所属する企業のそうした営みであっても、従業員のデータを当たり前のように集約して用いることはやはり問題です。最低でも許可の取得と説明責任は免れません。

何も知らなければ、恐れて足踏みするか、無謀にも利己的な理由で法律を犯すリスクが増します。これからは、データと法律の基礎的なリテラシーが求められることでしょう。現在のさまざまな企業人事の実態は、慎重を期してリスク回避という判断をされることが多いようです。テクノロジー関連の業界はドッグイヤーです。圧倒的に進歩します。2～3年も様子見を繰り返してしまえば、導入・活用のノウハウの機会ロスというリスクが顕在化するということも踏まえておく必要があります。データの利活用を都合よく捉えず、一歩ずつでも確実に、誠実に、準備・対策しておくことが求められるでしょう。

リクナビ問題からの学びを活かそう

そうした状況を踏まえて、ＡＩと個人情報保護の両面に関係する人事領域での最大の注目度の出来事である「リクナビ問題」について考えてみたいと思います。

旧来のアナログ人事から、データやＡＩを駆使した人事×テクノロジーに移行する過渡期にある今、この問題からさまざまなことを学ぶことができます。実際に、ＨＲテクノロジーの使用者である企業は、事件後にはプライバシーやＡＩ活用のポリシーを定め、データのセキュリティを見直し、従業員へのＡＩや法律、データ、セキュリティに関する教育を強化しています。

一方、単に慎重になった企業も少なくありません。日本中の人事が、ＡＩやデータを駆使する挑戦をやめてしまうならば、米国や中国、欧州との差は、ただただ広がるばかりです。指数関数的に変化を遂げようとする現在の経営環境において、１年の遅れは致命的です。それが３年、５年、10年の遅れになろうとしていることを改めて理解し、この問題から学び、活かすことが求められていると感じています。

リクナビ問題は、2019年8月1日に日経新聞が報道したことで明るみに出ました。概要は以下の通りです。

就職情報サイト「リクナビ」を運営するリクルートキャリア社が、本人の十分な同意なしに就活生の内定辞退率を予測して、38社に有償で提供した。これによって個人情報保護法の違反の恐れがあるので、事実関係を個人情報保護委員会が調査を始めた。

この事件は、AIの運用者がAIと付き合っていくうえでの過渡期にあった出来事だと思います。その意味で極めて象徴的です。

このサービスは試験運用だったといわれます。合否の判定には用いず、参考情報として使うというのが基本的な用いられ方になっていたようです。それでも、最終的に33社が個人情報保護委員会からの指導を受けています。要するに違反とはいっていない。罪は問うていないが、違反する恐れがあるということで、指導なのです。ちなみに違反が明らかな場合は勧告となるようです。運営主体であるリクルートキャリアは勧告で、親会社であるリクルート社が勧告指導でした。そしてデータを買った33社が指導です。違反ではないとはいえ、個人情報を預かる企業側に指導が入ったということで、しっかりと使用者責任が問われた事件となりました。

この事件の背景を少し考えてみたいと思います。

社会の変化が激しく、企業の人事も困っているのです。忠誠心があれば従業員は明らかに長期にわたってパフォーマンスしてくれたという時代が終わって、誰を採用しどういう配置にしたら、皆が生き生きと働き、成果を上げるのかがわからなくなってきているからです。

何らかの理由でエンゲージメントが下がれば、従業員は簡単に辞めてしまいます。人材が流動化してしまうわけです。だからますますしっかりと選んだ人材を採用していかなければいけないのですが、大企業は会社としてのネームバリューがあれば人は集まって、ある程度、採用は滞りなくできる。とはいえ、大企業に入ってしまうと、多くの人材がサイロ化により一つの役割しか担えなくなる。それがわかってしまったので、大企業に就職することの魅力に疑問を持つ学生やビジネスパーソンが増えて、今ではスタートアップへの留職（大企業からスタートアップへの職業体験）の斡旋まで生まれています。どうにか自分で生きるすべをみつけないといけない。それが大企業の中でできるのかどうかということに、少し懐疑的になってきているのです。

人事としては優秀な従業員をつなぎ留めないといけないし、さらに優秀な人材を採用しなくてはいけないというなかで、もう今までのように人気企業だからほとんど工夫もせずに前年踏襲という世界は終わり、求人は集まるのだけど、なかなか口説くのが大変な状況に少しずつなってきています。

しかもオンライン化が進展する状況下で、財閥系の大企業の説明会よりも、オンラインでしっかりと学生に自社について説明できる会社に人が集まるという傾向も起こり始めています。そういう時代背景の中で、リクナビ問題は起こりました。

人事は非常に困っていて、気づいたら、テクノロジーにできることが増えていたのです。そうなったときに、今の採用は採用のプロセスに膨大な時間をかけて内定を出すけど、内定辞退が多いという事態をなんとかしたいと思うのは人情でしょう。内定承諾率4割が平均といわれている、つまりは2人に1人は辞退する状況なのです。ということは大企業の場合、1万人から2万人の求職者を集めて、それこそ数千回の面接をして、100人採用したい場合に、250人に内定を出さないといけない計算になります。それだけ労力が大幅に増大します。採用の計画がなかなか達成できないなかで、できるだけ読みの精度を上げたい、無駄を排除したいと思うのは当然です。内定承諾率の読みがうまくできない場合は、保険としての面接をさらに数千回行う必要があるからです。さらにその状況で内定承諾率が思いのほか高くなると、今度は「採用の枠が足りない」という事態になってしまうわけです。本当に、企業と求職者の互いにとって不幸な仕組みだと思います。

なかには数万円の借金をして地方から面接を受けに来ている学生もいます。保険としての面接が増加することは、許容しがたいことなのです。

だから企業が学生の状態を把握し、自社の採用計画がどのくらいの確度で達成できるのかを見極めたいという自然なニーズが生まれ、テクノロジーの力を借りるとそれができる、つまり、もっと読みの精度を上げられる。そうすれば、「何人くらいは確度の高い内定で、この辺は迷っていて、この辺りは未知数です」「ならば、あと100枠くらい面接をしておけば大丈夫かな」といった読みができると考えたのだと思います。

その手段を提供したところ、法律的にも倫理的にもNGだったということです。

この問題で、リクルートキャリアは同意を取っていない約8000件のデータを第三者に提供していました。この提供者側の責任がまず問われたというのは当然でしょう。個人情報を預かる身として、しかも年間の大卒就職者人数が約50万人といわれる中で、リクナビの登録者数は当時約80万人といわれていたビッグ・プラットフォームであり、新卒選考においてほとんどのユーザーが利用するサービスでした。

大学のキャリアセンターも、学生を支援する際にリクナビやマイナビへの登録を促していました。慣行として当然のように利用していた学生側としては、自分の就活を支援してくれる立場にある媒体に登録していたら、自分の個人情報が合否判定に関わる情報に加工されて、企業側に提供されていたということになるため、これは想定できません。目的外の個人情報の利用であり、倫理的な問題としても象徴的な事件となりました。

では、リクナビ問題から、どんなことが学びとれるのでしょうか。

まず、法律の原理は「弱者の保護・救済」であり、片側の論理だけでテクノロジー活用することはリスクを伴うということだと思います。次に、データやテクノロジーの活用は、社会的な関心事であるということです。できる限り説明可能な状況をつくれるかが、新サービスやテクノロジー活用の肝になりそうです。さらには、リクルートキャリア社は、足踏みを続けるあらゆる企業に比べて、圧倒的に学習が進捗した可能性があるということです。

1年の遅れは、挽回不可能という危機意識を持てば、慎重かつ大胆にテクノロジー活用の一歩目を踏み出すことにつながります。その点、学習の真剣度と悩み抜き方が他の追随を許さない状況まで追い込まれたのではないかと察しています。

人事データとテクノロジー活用という新しい経営課題において、実践的な解を見つけ、構築できた人事だけが前進することができます。「リスクがあるため慎重な判断を」というリアクションに留まってしまうことだけは回避したいと思います。そして、このような担当者のリアクションは、ＡＩへの無理解や恐怖心から生じているケースをよく見かけます。手始めにＡＩの理解度とリテラシー向上をベーシックな課題として認識する必要がありそうです。

ＡＩとの協業に向けた準備をしよう

ＡＩが怖がられている大きな理由の一つは、一般的な人工知能というものが、本物の知能を模倣して、人間のようにふるまうというイメージが浸透しているからだと思います。

しかもセンセーショナルなかたちで、そうした可能性が喧伝されてきました。

たとえばグーグル系のディープマインドが開発した囲碁向けＡＩ「アルファゼロ」が、囲碁だけでなく将棋やチェスにも適用されて、それぞれ人間のトッププレイヤーを打ち負かしたというニュースは大きな話題になりました。

強化学習という手法を用いて独学で強くなるＡＩ技術を汎用化した結果でした。人間が教えたのはゲームのルールだけだったのです。その後ＡＩは、別のソフトを相手に数十万回という単位で対局を繰り返し、勝つための駒の打ち方を学んでいったのです。

強化学習の相手は、チェスではそれまで世界最強といわれていた「ストックフィッシュ」で、１０００回対局して１５５勝６敗で残りは引き分けだったそうです。

「ストックフィッシュ」は数千ものプロの定石を「教師データ」として取り込み、それを基に最適な一手のシナリオを導いています。それに比べてアルファゼロは、経験から学ぶため、教師データが必要ないのです。

ＡＩの学習手法では機械学習が有名ですが、いくつかの方法に分かれます。「ストックフィッシュ」は、機械学習の中でも「教師あり学習」と呼ばれる手法で事前に与えられたサンプルデータを教師からの例題としてそれを参考に学んでいきました。

アルファゼロは、同じ機械学習の中でも「強化学習」といわれる手法で学びました。データによる学習をするのではなく、行動して、そこから体感として学んでいくという方法です。経験を積むことで行動を改善していくのです。

そして、こうした機械学習をより進化させた深層学習（ディープラーニング）が現在の主流です。これは人間の脳の神経を模した多層のニューラルネットワークをプログラミングします。この場合、人間が注目すべきポイントを指示しなくても、AIが自律的に答えを導くことができるという点が秀逸です。AIが観察により自分で特徴量を見つけるのです。

こうした研究結果から、一部の人々はコンピュータが自律的に判断して、人間のように考えられるようになったというイメージを持ってしまいました。

AI活用の実態は違います。

AIには「強いAI」と「弱いAI」というものがあります。「強いAI」は、まだSFの世界の産物です。「ドラえもん」とか「ターミネーター」のように、汎用的な能力、知識を持って、自意識といえるAIの意思によって考えを巡らせることができるAIのことです。汎用型です。これに比べて「弱いAI」とは、何か一つに特化したタスクしか実行できない人工知能のことをいいます。

もちろん、ＳＦの世界の産物も、いつか現実のものになる可能性は十分あるでしょう。タイムマシンまではわかりませんが、強いＡＩは、そう遠くない将来、現実のものとなるのかもしれません。

たとえば私たちの近くでも、それに関連する研究が進んでいます。世界で初めて自分の感情を持ったロボットといわれるPepper の感情エンジンを開発した東京大学道徳感情数理工学の光吉俊二特任准教授は今、汎用ＡＩが社会実装される未来に向けて、道徳の数理化に挑み、ＡＩが道徳を理解して、きちんとインストールされた状態を整える研究を進めています。それが可能になれば、それこそ人間の脅威として暴走することのない、「ドラえもん」のように、人間の仲間として振る舞うＡＩが可能となります。まさに、人とＡＩが共存共栄できる未来に向けた研究といえます。

とはいえ、今、実用化されているＡＩは、基本的に機械学習によって学んだ「弱いＡＩ」であり、さまざまな実用事例が出始めた段階です。

人事に論点を戻せば、この「弱いＡＩ」を導入するに際して、「何を正解としてＡＩの学習を促すか」が問われます。

人事課題におけるＡＩ活用では、正解の定義がとても重要です。「教師」となる人間の過去の行動や判断のデータには必ずバイアスが存在するからです。採用時の評価、人事評価自体が、部分的な情報を基に強いバイアスから結論づけられた情報である可能性が高いからです。そのために、ＡＩに正しく学習させるためには、正解を見直す必要があるのです。

実際、評価基準を整備している人事の評価結果を解析してみると、ランダムに近い状態であるケースが確認されています。人間の感覚に基づく、勘と経験による判断は、思いの外精度が低く、未検証だということを知っておく方がよいでしょう。

人事関連のＡＩ実用プロジェクトのセンセーショナルな事例といえば、アマゾン社がＡＩ採用を打ち切ったというニュースです。

アマゾンはＡＩを用いた人材採用システムの開発に力を入れていたのですが、女性を差別してしまうという機械学習による欠陥が判明し、運用を取りやめたのです。

報道から少し詳しく説明します。

アマゾンは優秀な人材を、ＡＩを活用して探し出そうと考えました。そこで２０１４年から履歴書を審査するプログラムを開発し始めたのです。まるでアマゾンの本業である仮想店舗の格付けのように、求職者を5点満点でランキングするシステムが出来上がりました。そこでこのシステムが5点をつけた人材を採用すればいいと思っていたようです。

ところが、技術関係の職種において、性別の中立性が損なわれるという事実が判明しました。なぜならば、10年にわたる履歴書のパターンを学習させたためです。男性を多く採用してきた過去をそのままＡＩは学習してしまったわけです。実際、技術職の応募はほとんどが男性であったこともあり、ＡＩは男性を採用するのが好ましいと結論づけたのでしょう。その結果、履歴書に「女性」に関係するワードがあると、評価を下げてしまったのです。

アマゾンはこうした特定の項目についてプログラムを修正したようですが、他の差別をもたらす傾向がないとは保証できないために、最終的にこの開発チームを解散させました。実験段階でのこうした事例は他にもあります。たとえば美しさを審査するような場において、ＡＩが過去のデータを学んだ結果、白人偏重になったというような話です。

しかし、こうした事例も、ＡＩの可能性を否定するようなものではありません。当然ながら、ＡＩは完璧ではありません。そのＡＩに過度に任せすぎると、企業は信用を失うリスクが高まるということです。

一般的に実用化されるＡＩは、過去のデータを学習し、その学習結果からモデルを構成します。正解とされるデータにそもそも偏りがあれば、ＡＩも偏って結論を出すようになります。

つまり、アマゾンの事例はＡＩの問題というよりは、偏った学習、そのベースとなる人間のバイアスが顕在化した現象といえます。「ＡＩは、正しく間違いを助長してしまう」ということに尽きるのです。そこを忘れてＡＩを過信してしまえば、間違いが起こるのは当然です。

使い手の責任、作り手の責任

リクナビやアマゾンの事例から考えるべきことは、「新たなテクノロジーを、企業論理のためだけに使用してよいのか？」という問題です。

物事に影響を及ぼす力は、片方に偏ると全体のバランスを崩し、便益よりも弊害や損失のほうが大きくなるものです。

政治、貨幣、共感など、社会を動かし得る力、そのパワーバランスを保つことが重要です。このパワーバランスを考えるうえで、テクノロジーが大きな力の一つであるということを認識する必要があります。

リクナビ問題は、新しいテクノロジーを企業だけが、自分の都合のために利用したことが、バランスを崩しかねないという意味で問題であったわけです。

極度に偏った力の用い方が許され、規制されない場合を想定すれば、監視社会、無用者の社会といったディストピアにつながっていくことは、想像に難くないでしょう。

監視が必要ならば相互の監視や透明性、片方が使用するならば、もう片方にハンディキャップを与えるなど、バランスする仕組みを考える必要があります。

ＡＩは有用です。ＡＩの発展は不可逆で止まることがありません。またＡＩを活用した、より健全な社会の実現は止めるべきではないと考えています。ただ、その使用や開発における責任までをＡＩに丸投げすることは許されません。

本当に技術的特異点を迎えた「強いＡＩ」をどう位置づけるかということに関しては、まだ答えはありません。あるいは、本当にビッグデータ化されて、管理不能になるくらいに膨大なデータが生まれる世界観で、どうガバナンスを効かせるかという問題にも、まだ明確な対処法はありません。

ただ、今この瞬間、サービス化されているＡＩといわれるものは、前述のように「弱いＡＩ」です。学習環境も人間がコントロールしていますし、使い方に関しても人間がコントロールできる状況にあります。使用するデータの範囲にしてもランダムではなく、間違いなく人間がコントロールできているので、それを実用化するまできちんと、開発者と使用者が法の範囲内で責任をもって、ステークホルダー全体がよりメリットを享受できるかたちで、もちろん弱者が不利益を被らないということを前提に作り上げ、使うという姿勢が求められているのです。

テクノロジー共存、意志を問われる人事

昨今、普及してきたビジネスモデルとして、SaaS（Software as a Service）と呼ばれる、ネットワークを介してアクセスすることでソフトウエアの機能を切り分けて提供するクラ

ウドサービスがあります。私たちＺＥＮＫＩＧＥＮもこのモデルでサービスを展開しています。利用顧客に毎年更新していただき、数多くのユーザーに利用してもらうことを前提に、高いイニシャルコストを必要とせず、安価な使用料で先進のサービスを提供することができます。

人事が利用するサービスも、SaaS型のサービスが増えました。互いにシンプルでわかりやすく、安価に試したり、切り替えたりできる合理的なビジネスモデルです。

こうした簡略化されたビジネスプロセスは健全な進歩だといえます。利用者は、よりよい業務プロセスの構築のために試行錯誤ができ、開発者は、価値ある提案に磨きをかける必要性があるためです。

その一方で、安価、効率、利便性が当然となり、目的や意思のない試用、都合のよい業務代替や自動化のニーズが増大していると感じることがあります。人事担当者は、短期的な効果のみを求め、開発者は、短期要求に従うばかりで本質的な価値の提案が間に合わない状況が生じています。その延長に、ＡＩに対する過信といった、都合のよい利用と開発が起こり得ると思います。現時点で、ＡＩは道具にすぎません。最後は、人が意思をもって「あるべき姿」を描き、責任をもって活用する必要があります。

そして、本来は利用者と開発者が協力して、より深い人事課題の解決に前進できる状況が好ましいはずです。その共創プロセスの先にこそ、本当に価値ある「ものづくり」が実現できると私は信じています。

しかしながら、日本の大企業はまだまだ実績主義であり、自ら手間暇をかけて共創プロセスを歩む担当者は稀有です。ほぼすべての人事担当者が常に成功事例を求めています。他社での成功事例であれば、上長を説得しやすく、導入しやすいためです。

利用者と開発者が手を取り合い、共創プロセスを歩むことは、決意のある意思を定め、チームの意識を統一し、知恵と工夫を練り上げて、現場へのフィットやトレーニングといった苦労を重ねることです。

単に効率を重視するならば、回避すべきですが、外的な変化に対応し続ける組織能力を養い、好循環をつくることには大いに価値があります。そして、それなりの時間が必要です。いまや先行事例を模倣して「結論が出た後に実装」が得策とは言えません。実践する組織能力がなければ、真似はできないと思ったほうがいいのです。

予測不可能な時代ですから、常に複数のプランを作り、対策を練っておく必要があります。人事部門にも、相応の準備が求められていることでしょう。そうした中で、先行事例を模倣するというスタンスでは、新たなテクノロジーの実用化を共創する力のある企業と、そうでない企業の競争力の差は、大きく開くことになりかねないと思います。

この章のまとめ

・新たな技術の普及速度は極めて速く、企業にも指数関数的変化が求められる
・超進化を遂げたＡＩを活用して、アナログ人事から脱却することが必要
・アフェクティブ・コンピューティングの活用によって、社員のストレスの状況、メンタルの傾向も計測できる時代になりつつある
・個人情報＝プライバシーの保護も、デジタル実装した人事にとって重要な使命
・リクナビ問題で明らかになったデータの利用目的外での利用については、厳に慎まなくてはいけない。しかし、慎重さからくる停滞も回避すべきだ
・「ＡＩは、正しく間違いを助長してしまう」ため、人間の持つバイアスに注意しながら学習を促す必要がある
・テクノロジーはあくまでも道具。参考意見。決断はいつでも人間の役割

第5章

「人とAIの調和」という21世紀の課題に挑む

採用DXプロジェクトの始動

コロナ禍のなか、2020年9月にZENKIGENは「人とAIの調和による採用DXプロジェクト」というステートメントを打ち立てました。

これは、私たちはどんな社会をつくりたいのかという、いわば最初の旗印です。

テーマは、「人事の倫理観とAI技術により、社会の財産である人に資する採用DXを推進する」というものです。ステートメントは、次のような内容です。

現在の新卒採用活動では、求職者と面接官は面接だけで年間約2500万時間を費やしています。その結果、人事担当者や面接官は忙殺され、「人と向き合う」という本来の人事活動が制限されています。また、面接結果の大半は、不採用であり、多くの求職者が自信を喪失するような事態につながっています。

人は社会の財産ですから、「デジタル時代の新たな採用活動」により、企業に応募する人、選考に関わるすべての人に、合否の結果だけではない〝素晴らしい体験〟を届けることができると考えます。

そこでZENKIGENは、現代の採用課題に応じた独自のAI技術を提供し、大量の応募に埋もれた「見出すべき人を、見る」こと、選考工程の問題を可視化し、求職者と面接官がともに「出会って良かった」といえる体験をサポートすることを開発の目的としています。それらは高度なAI技術を駆使するからこそ、目指せる採用のあり方です。

一方、「AIに判断を委ねる」状態は、求職者の安心、企業の信頼にネガティブな影響があると考えます。人の判断もそうですが、AIの判断にもバイアスがあるからです。だからこそ、人とAIが補完し合う関係を築き、採用活動に責任を持つ企業の人事は、高い倫理観によって、AI技術を活用し、統制することで、最後は人が複合的・多面的に、高度な判断を行う必要があり、それが出来るようになると確信しています。

我々は、人事領域における「人とAIの調和」を実現することにより、人事が今まで以上に、社会の財産である人に資する採用が行える、その様な「採用DX」を推進します。

このステートメントには、多くの企業から賛同をいただきました。AIテクノロジーの作り手と使い手が心を一つにすることが、社会を変えるための基盤だと考えていたため、そうした賛同者の皆様から、本当に多くの勇気をいただきました。

日本を代表する経営者の皆様からも、応援の声をいただきました。企業のとても重要な業務であり、ひいては社会の一大事である「採用」、その現在の限界点と、テクノロジーへの期待、よりよい未来社会を見据えた視点を持つための参考になると思います。応援の声を抜粋します。

『採用活動は、社会に羽ばたき未来をつくろうという意欲に満ちた応募者と、彼らとともに新たな価値創造を目指す企業との大きな出会いの場です。今回の「人とＡＩの調和による採用ＤＸプロジェクト」は、人とＡＩが補完し合うことで採用活動の次元を高め、単に採用者をえり分ける場としてではなく、応募者それぞれと向き合い、一人ひとりが持つ価値を見出だすことにつながるものと大いに期待しています。ＤＸの進展は経済・社会・文化での大きな変化につながっていくことは間違いありませんが、その変化は今を生きる私たちにより良い生き方をもたらすものであるべきです。「採用ＤＸ」はまさにＤＸ時代にふさわしい、新しい採用のあり方を実現する先進的な取組であり、その活動に賛意を表明したいと思います』

『日本は課題先進国といわれることがありますが、そのほとんどの課題はＡＩなどのテクノロジーで解決できる可能性があり、企業においてもあらゆる産業でＤＸによる変革が進んでいます。採用活動においてもさまざまなテクノロジーを活用して、応募者と企業の最適なマッチングを実現することが応募者のキャリアと企業の成長の双方に重要であると考えており、採用ＤＸの今後の発展に期待しています』

『人とＡＩが調和して新たな価値を創出していくことは今世紀以降の人類の大きなテーマです。ＡＩに全てを委ねるのではなく人ならではの倫理観や感性を融合することが大切です。人の直感や経験の影響を受ける採用活動において、ＡＩによる科学的アプローチを加えることは、候補者と面接官の双方にとって今よりも公平で、より望ましい結果をもたらすのではないでしょうか。「人とＡＩの調和による採用ＤＸプロジェクト」の発展に大いに期待しています』

『オンラインでの採用活動は、候補者と企業の出会いの機会を広げる大きな可能性があると考えています。日本企業においても、これまで首都圏・大都市部が中心であった採用活動が、オンラインを活用することにより、日本全国の幅広い候補者を対象とすることができるようになります。しかしながら膨大なマッチング機会を得たとしても、旧来型の採用プロセスでは、「自社標準」に合う人をただ選出するための効率性を優先せざるを得ず、「多様な才能」を見出すことが困難な場合もあるでしょう。「人とAIの調和による採用DXプロジェクト」は、このような課題に真正面から向き合い、候補者と企業の出会いの可能性を見出すためにテクノロジーを活用するという、まさに「デジタル時代の新たな採用活動」をつくっていくプロジェクトだと確信し、大いに期待しております』

日常業務に邁進していると、ついつい日常こそが常識だと勘違いを起こしてしまいます。人間は、現実のすべてを理解できません。「採用」という慣習は、数十年という極めて短い時間軸の中で、人の判断できる限界に合わせて構築された、1つのプロトタイプにすぎないのです。経営者からの応援の声にある通り、本来のありたい姿からすれば、まだまだ対応できていない課題が多いことに気付かされます。

社会や人に対する誠実で公平な倫理を持ち、AIテクノロジーを適切に用いるすべを持つならば、「採用」は、より生産的で、より人間的な全く新しいものにトランスフォーム（変容）します。

最も重要なこと、それは、「採用」に関わるすべての人の「心」の変容です。人の努力を積み重ねてきた採用をアナログ採用、人の努力とＡＩテクノロジーを兼ね合わせた採用をデジタル採用と表するならば、手がける大人が、どんな心持ちで「デジタル採用」をつくるのか、その起点がすべてを決めるとさえ思っています。

今回、日本を代表する会社の経営者のこうした言葉には、未来への責任をともにすることができているという共感があります。

これは、歩き始めたばかりの一里塚です。採用に始まり、人事、職場、組織、経営、社会と、取り組むべきテーマは非常に多いです。さらに、採用ＤＸプロジェクトも歩み出したばかり、細部にこそ魂は宿りますので、思いをかたちにして実現していく作業はこれからです。しかし、こうして使い手と作り手が共通の旗印を共有できたことは大きな一歩になりました。

人事担当者は多忙です。特に採用の時期には大変な労力が必要になります。だからどうしても効率化を優先したいと思うものです。ＡＩの導入に関しても、採用業務を安価に代替してほしいという思いも少なくありません。そうした願いは人事の多忙な状況を見れば、切実なものだと理解できます。私たちは、心ある人事の業務負担を減らし、効率化を推進しつつ、人ともっと向き合う採用活動を目指して技術開発を進めています。

一方で、効率化ニーズだけに従えば従うほど、人と向き合えない採用に進んでしまうという危機感は常に持つようにしています。自動化、省力化ばかりを過度に押し進めてしまえば、面接だけではなく、すべての評価・査定はＡＩのアルゴリズムに任せる領域が広がります。ＡＩによる評価が誤りで、人による評価が正しいということではありません。問題は、現在の不完全な人事業務をＡＩに代替させていくという発想を進めていくと、すでに限度を超えて社会を分断し始めた20世紀の行動原理を助長することにつながり、人が無用化される姿の実現を順調に進めてしまうということです。現代の不和を解消する。そのためには、人の限界を知り、ＡＩに補完してもらうことが重要です。人は、おそらく想像よりもエラーの多い特性を持っているということを前提に考えると、手がけるべき仕事は山積みです。

働き方改革という言葉が社会の共通認識になり、「生産性」を考える機会が増えています。この生産性とは、①分母に投下したコストや時間、②分子に生み出した付加価値を置いた式で表されます。分母を減らしても、分子を増やしても、生産性は向上します。

少し考えてみたいことは、「①の分母を減らす」発想と、「②の分子を増やす」発想のどちらに取り組んでいくか、ということです。私の感覚値ですが、組織人の関心事の9割以上が①のコスト削減です。なぜだろうと考えてみると、その方が予測しやすいからだと思います。「無駄を見つけて、削る」のは確かにシンプルな仕事です。②の付加価値をつくる仕事は、それほど簡単な仕事ではありません。

しかし、行き過ぎたコスト削減は、事業や業務の存在そのものを無に返します。不景気の時期を経て、もう絞り尽くした雑巾を、さらに絞る努力を続けてきました。それを、AIにさらに絞らせようとする。

発想の転換が必要です。今までの前提を疑い、人の限界を知り、新たな機会としてのAIテクノロジーの活用に向き合うことは、「②の付加価値をつくる」発想にこそ、フィットします。

テクノロジーの暴走は、人が許さなければ始まりません。その結果、雇用が失われていくという未来への健全な危機感を持っておくことは大切なことだと思います。しかし、今の社会は、まだまだ未完成であり、さまざまなエラーが起きています。テクノロジーを暴走させるのではなく、コントロールしつつ、「人とＡＩの調和」というコンセプトをベースに、21世紀の企業原理を実現し、人類史上最高の未来社会をつくるという考えに立てば、ＡＩこそ、よりよい未来をつくるためのコアとなる技術だと思います。

たかが「採用」されど「採用」。私たちは、心ある経営者や人事の皆様とともに、次世代に紡ぐ、未来への選択の大切な「はじめの一歩」を歩み出しました。

「学生にとってメリットのある取り組みにしてください」

私たちにとって重要なエピソードについて書かせていただきます。

ある人気大企業の人事部の方々と定例で会議を開催していますが、最初に、「人とＡＩが調和した社会をつくる、人事をつくる、採用をつくる。ということを実現したくて、ご一緒しています」という提案をしました。

すると、採用責任者である人事課長から間髪入れず、「学生側のメリットをしっかりと実現できるようにしたいのですが」といわれたのです。

驚きました。同社の人事部長が、「総論としては、これまでは人がアナログに、誠実に対応してきたわけですが、それではどうしても処理量に限度がありました。そこでデジタルの力を借りることで、より客観的に、より多面的に、そして、より公平な採用を実現していきたいと思っています。ただし、これは企業側の視点で」といわれた後に、人事課長が「加えて、一人ひとりの学生がメリットを体感できないといけないと思うのです。全体としての公平性が上がっても、私たち人事の体験はよくなったとしても、学生にはわからない。メリットを享受している印象がないと思うのです。学生がメリットを感じられるために、どうにかなりませんか？」と踏み込まれました。

ＡＩの使い手側であるユーザーのニーズとしては、それまでになかったことでした。つまり、この会社に限らず、人事の中にそういうニーズがなかったわけではなく、顕在化するチャンスがこれまでなかっただけなのだということを知ったのです。効率化したい、コストを下げたい、いい人材を囲い込みたいというニーズだけではなかったのです。これをきっかけに、仕事の順序が変わるかもしれないと思いました。

他の会社の人事担当からは、「当然、採用における評価は、人事が責任をもってできるだけ公平に決めていく必要があるのですが、そうした評価とは全く別の次元でＡＩが、つまりは御社のシステムが独立してすべての学生さんを応援してあげることはできないでしょうか?」といわれました。

学生一人ひとりが、貴重な時間を割いて応募してくれたエントリー情報なので、時間が許す限り正しくきちんと評価したい、さらにいうなら合否の結果とは関係なく、プラスになるコメントをしてあげたい。しかし、労力と時間には限界があり、今までは諦める選択肢しかなかった。その部分をＡＩの協力があれば、少しでも学生のためになるフィードバックができるのではないか。むしろ、人が見逃していたような情報まで理解して有用なコメントを出せないか。という要望です。

これらの人事担当の方からの要望は、まさに、開発する側と使う側によってシステムは練られつくられていくべきものだということを体感できる好例だと思っています。

使い手が何を要望するかによって、作り手の活動が変わり、使われ方が変わります。新たなテクノロジーの社会実装は、常に使い手と作り手のコラボレーションです。仕様検討の場で「学生のことを思いやる」という話が出てくるこの場のリアリティがものすごく重要だと思いました。

こうした瞬間が増えていけば、世の中を変えることができるはずです。結局は今のこの社会を織りなす社会人、企業人の心がすべてを決めていくのです。
「不採用の方の体験もできるだけいいものにしたい」「ＡＩの結果で、まず応募した方がメリットを享受できるのか」。そうしたいわばポリシーこそが、今後のＡＩ開発の課題であり、社会に開かれた人事の思いを凝縮し、ともに次世代につながる仕事を手がけていく起点であると、改めて実感させられました。

アナログ時代の新卒一括採用には課題がたくさんある

２５００万時間。これは毎年恒例の就職活動における年間面接時間を大まかに試算した数字です。

就職活動を行う学生の数を約50万人と仮定します。アンケート結果を見ると、一人当たり平均10回ほどの面接を行っているようです。合計で５００万回です。面接には、求職者と面接官の最低２名が参加します。面接官も求職者も面接に当たって準備や移動時間がかかり、面接官は評価や引き継ぎをする時間も必要です。それらを合わせると概算で１面接当たり5時間を要します。かけ合わせると2500万時間という膨大な時間になります。

2500万時間というこの時間は、約1万3000名の年間労働時間に相当します。国内には、400万社を超える企業数があるなか、従業員5000名以上の企業は500社未満です。つまり、この労働時間は、日本有数の大企業の年間総労働時間に等しい規模感です。

しかも、この時間にはエントリーシートを書いて送るという求職者側の事前の準備時間は含まれていません。また、1面接を求職者と面接官の2名と仮定した試算のため、グループ面接や複数面接官の面接を含むと、この数字以上の時間が費やされている可能性があります。

それだけの時間をかけて、求職者が希望する会社に合格すればまだいいと思いますが、学生の内定取得率は1割5分。応募社数14社に対して内定は2社が平均的な数字です。12社は不合格、つまり8割5分は不合格なのです。これは平均ですから、それこそ10割落ちてしまう求職者もいるはずです。

そこには情報格差やエリア格差も存在します。人気のある大企業は都市圏に集中しています。地方に住む学生は、そうした企業に対して就職活動を行うためには時間もお金も必要になります。就活のために部活をやめてアルバイトを増やす。あるいは奨学金を増やして就職活動を行う学生もいます。その上、地方学生は情報も少なく、実際に受けることができる社数も首都圏に住む学生に比べて少なくなる傾向があります。

準備不足で、大量の時間とお金をかけて面接に臨んでも、落ちることが多いわけです。キャリア迷子になり、就職鬱に陥る人も年々増えています。就職活動がはじめての社会との接点になるという状況自体が、若年層の成長と発達において適切であるとは思いませんが、社会へのはじめの一歩が、「社会に認めてもらえない」体験を量産しているのであれば、採用活動／就職活動と

〈図表 11：現在の新卒採用は、長時間かつ体験が悪い〉

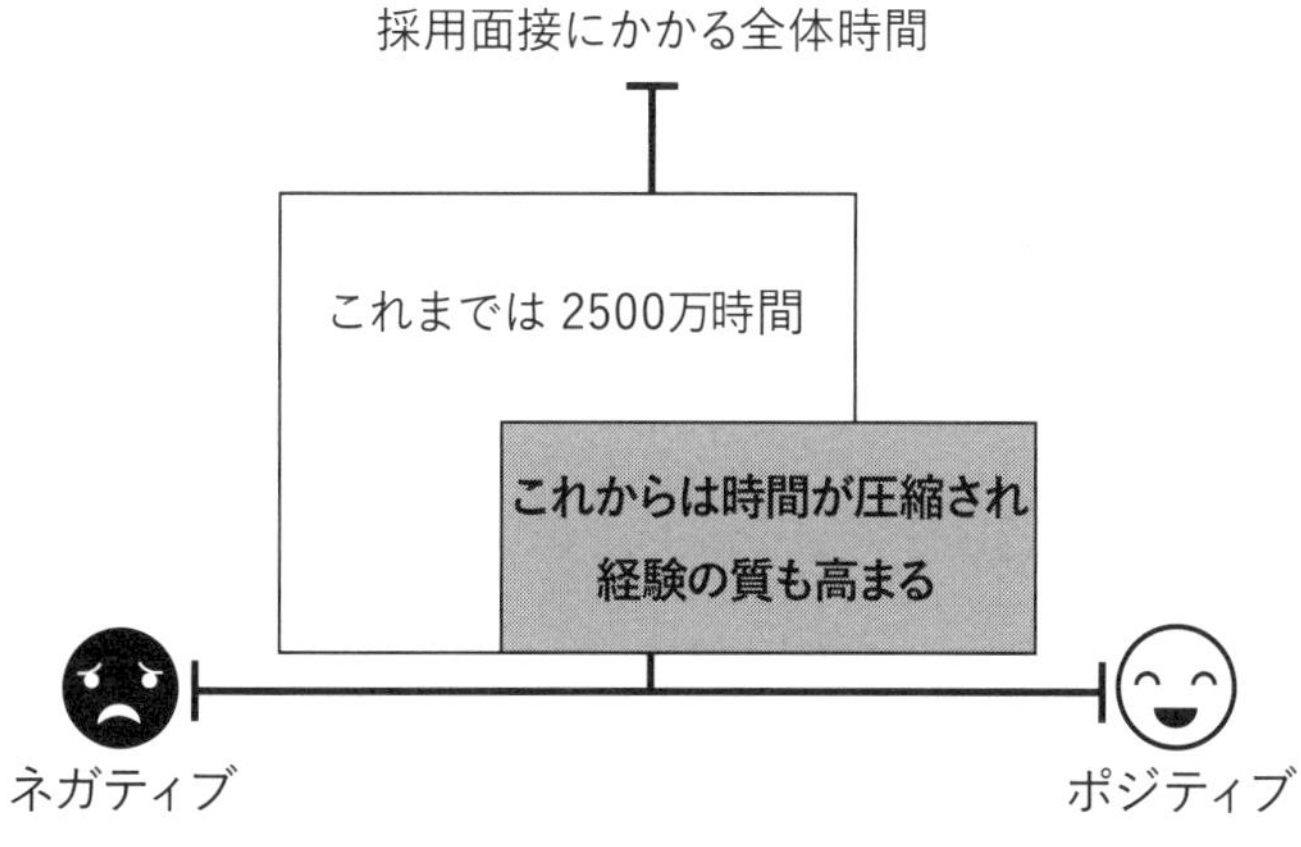

いう社会慣習は、2500万時間という膨大な時間を費やして、未来を担う世代の可能性を失わせる行事だという見方もできます。これは、誰が望んでのことでしょうか。全くもって、今すぐに変えるべきです（図表11参照）。

もちろん、こうした状況は人事のせいではありません。

就職活動の構造は、知名度の高い大手企業にどうしても応募が集まります。求職者が多い企業では、3万人規模のプレエントリーがあります。その中で、実際に会える求職者の数は10分の1程度、数千人です。残りの8割から9割の求職者は実際に人事担当者に会うこともないのです。

逆に、知名度のない会社はかなりの労力をかけながらも求める人材に巡り合えない。そうした企業間格差も歴然とあります。

大企業の場合、それだけの応募があるわけですから、担当者がどんなに親身になっても、物理的に、一名にかけられる時間は限られてしまいます。だから、偏差値やSPIの結果を根拠にする、インターンシップに参加していた学生を選ぶなど、何らかの判断基準を設けて、限りある時間と労力での最善の対応をしている状況です。

これがアナログの採用活動の限界です。

面接の不毛さを増しているのが、攻略本ならぬ、面接対策マニュアルが横行する現状です。さらには、「A社に受かるエントリーシート」なるものが売られているという状況です。面接にうまく対応できることと、社会に出て働くことには大きな乖離があります。大企業に就社できればハッピーという時代錯誤の価値観の名残でしかありません。学生も企業も、すでに終わっている前提からは、早く脱却した方がよいと思います。

企業側にしてみれば、多大な労力をかけて内定を出しても、今度は内定辞退が課題になります。各社に評価される学生は、複数社の内定を得た後に1社を選択するため、他の会社はすべて辞退することになるわけです。

企業としてはこうした内定辞退にも対応しなければいけませんから、辞退をあらかじめ想定した面接数を確保して、内定者を多めに出しておく必要が生じます。また、内定承諾数が確定しない期間は、採用活動を延長することになります。

アナログ採用の問題点はさらにあります。

人気企業では、大量の面接官が必要になります。大手では、５００人を超える社員が面接官として新卒採用活動に参加していることも珍しくありません。さらに大人数（千人を超える規模）の会社もあります。面接というアセスメント業務には、一定のスキルセットが必要ですが、事前の簡易トレーニングやマニュアルによる目線合わせに留まります。実際、職場から参加している面接官の半数近くは不安を抱えています。

また、面接の現場はブラックボックスです。もちろん、面接官は会社を代表する社員ですから、誠実で適切なコミュニケーションを行っているはずです。しかし、面接室に入ってしまえば何が起きているかわかりません。不適切な対応や、ハラスメントの問題が内在していても検知する方法がありません。属人性に委ねるしかない部分が多いわけです。本人にそのつもりはなくとも、求職者の性格もまちまちですから、圧迫面接と受け取られてしまうリスクを常にはらんでいます。実際、面接で「この会社に入社したくないと思った」85%。「面接官の不快な態度・言動で入社を止めた」74%という結果もあるのです（エン・ジャパン　人事のミカタ調べ）。

厳しい労働環境で叩き上げられた世代と今の世代では、人との関わり方やコミュニケーションの作法、価値観などにジェネレーションギャップが生じやすい状況です。決して悪意はなくとも、ハラスメントと受け止められることさえあるのです。そうした場合にも、アナログであれば、介入することもできませんし、後から振り返って是正することも困難なのです。

反対に、求職者である学生側が、横柄な態度、無礼な態度をして、面接官を困らせる事態が、一定数発生している問題にも目を向ける必要があります。貴重な時間を割き、面接を引き受けてみたら、多大なストレスを受けてしまうという社員の身になれば、「面接」という場には改善の余地が大いにあることがわかります。

さらには、相性の問題もあります。さまざまな性格や特性を持った求職者と、同じく面接官が相対するわけです。熟練の面接官であれば、相手によって態度を変えることができますが、多くの人にはそれは大変困難なことです。誰と誰が面接するかは、ランダムに近い状況でしょう。共通する価値観や関心事があったり、性格や思考特性が似ている相手であれば、自然とコミュニケーションも活性化し、心地よいものになりますが、真逆の性質の相手に当たれば、いかに優秀であっても良質な時間にはならない可能性が高くなります。もちろん、入社後の上司と部下の相性はランダムです。必ず心地よい相手と一緒に仕事をするわけではありませんので、一定の不条理を引き受けて対応することは、社会人になるという行事において必要でしょう。しかし、相性が良い／悪いという人間関係の偶然性は、アナログ採用、人事だからこそ起こる問題ともいえます。デジタル化された世界では、相性の問題は克服できる可能性があるのです。

アナログの採用活動の限界と、デジタル採用の可能性が見えてきました。

現代は、働き方改革を重視する世の中です。残業時間の上限の中で、懸命に生産性を高めて働く社員が、担当業務を外れて採用活動に従事すること自体に、見直しの必要があります。働き手も働き方も多様化するなか、共働き世帯、子育て世代、介護が必要な世帯など、さまざまな家庭の事情を踏まえながら、担当業務ではない面接業務に数百人、数千時間を捻出する時代は終わりを迎えるのではないでしょうか。社会全体が年間2500万時間を費やす新卒一括採用の慣行自体を是正することは、時代の必然なのだと思います。

これからの面接は、デジタルの活用によってその生産性を向上させ、求職者にとっても、面接官にとっても、活きる体験に改善しなければなりません。

AI活用で、面接をコミュニケーションの場にする

50万人を超える新規学卒者が、約12万人とされる大企業の求人枠に応募する。大半がエントリーシートや書類選考によって選別され、一部の学生だけが面接を受ける資格を得る。アナログ時代の就職活動というものは、どうしても生産性が低くて、学生の体験が悪い社会活動だということを説明しました。

心ある人事担当者の皆さんは「何とか学生のための面接にしたい」「合否とは関係なく、糧になる時間にしてあげたい」と考えています。しかし、今の採用活動のままでは、個人的な心配りにも限界があります。

新規学卒者の就職活動は、毎年恒例の社会的な行事ですが、新卒の就職活動というものは企業にとっても、応募する学生にとっても多くの時間を費やしたわりには結果の伴わない活動になっているのです。

2500万時間という時間は、明らかに国力を下げる時間の使い方だと思います。

その結果、人と向き合う人事の活動が制限され、不採用という結果によって求職者の自信を喪失するような事態が多発するわけです。それでは社会の財産である若い人材が疲弊してしまいます。だから、一人ひとりの人に合否の結果だけでなく、何らかの糧となる体験を届けることが重要なのだとも思っています。お互いにとってより生産的、かつ人間的にお互いが納得でき、価値ある時間だと感じられる場をつくり、自信をもって社会に参加する若い人材を増やすことこそ、今求められる仕事です。

私たちは、そうした課題を少しでも解消するＡＩを活用したシステムの開発を進めています。大切なことは、ＡＩに判断を委ねないことです。ＡＩに人をジャッジさせるのではなく、人間が持つ無意識のバイアス＝偏見をしっかりと取り除いて、求職者自身の個性が発揮されるような状態をつくるという理念をもって開発にあたっています。

たとえば、「体育会系の面接官が体育会系の学生を好んで採用する」ということは、現実として起きていることでしょう。しかし、その学生は本当に活躍するか、働きがいをもって仕事に従事できるか、人生を支える人間関係を育めるのか、好んで採用した結果が両者にとって本当に幸せな出会いになったのかは誰にもわかりません。ただ無意識のバイアス（偏見、思い込み、時にはトラウマ）によって消去法で選んで採ってしまっている可能性が高いのです。つまり、目的とする結果と、面接の場の判断は、完全にリンクしたものではないということです。互いにとって本当に幸せな結果の発現率と再現性を高めるためには、ＡＩを用いて人のバイアスを理解した上で、人が公平かつ目的に準拠する判断を行うことがとても重要です。

そのために、私たちはこれまでデータ化が困難だった動画情報を中心としたＡＩのプロダクトを開発しています。１つは１分間のエントリー動画という自己紹介のオンライン動画のデータを分析に用いています。もう１つは面接のコミュニケーション動画を実際のデータとして用いるというものです。

エントリー動画は、求職者と実際に会う前に、その人の印象をＡＩが解釈していくことで、会うまでわからなかった印象や人柄の一部をＡＩが解釈し、自社により適する特性を、会う前から多少なりと考慮に入れることができるようにするというものです。

これまでは画一的に学力や能力によるスクリーニングをしてきました。今後、ＡＩを用いることで、数万人の求職者に対して、それぞれの人物像が捉えられるようになれば、自社に合う人材をピックアップができるようになるわけです。自社に対して働く意欲が高い方や、学力、能力は少し劣るのだけど、コミュニケーションスキルが非常に高い人など、多様な人材、これまではわからずに落としていた人材をより多く拾い上げることができるのです。

私たちの開発しているＡＩは、合格・不合格を直接判定するのではなく、あくまでも評価者である人事担当者が解釈をしやすいような情報を提供する。そのためにＡＩが対象となる人のさまざまな特徴を理解し、人事への説明を行うことで、人事の判断を支えることを旨としています。

膨大な応募者情報において、学力や能力以外の判断軸が増えることで、人事はより公平かつ的確な採用判断を行えるようになります。「自社に合う人材」の特徴をデータで捉えることができれば、今後の効果的な母集団形成の役に立ちます。

もう1つのＡＩ活用は、面接コミュニケーションのサポートです。

旧来の面接は、偶然、その場にあてがわれた会社を代表する面接官と求職者の査定業務でした。組織に馴染める人間性と、業務に馴染める能力を見定めるための査定であり、会議室で行われるため、実際のコミュニケーションはブラックボックスです。確認しようがない状況でした。事業と組織と業務に変化のない、いわゆる金太郎飴になれる人材こそ必要な場合は、ランダムな配置、画一的な査定で問題が少なかったことと思います。しかし、今や不確実性の時代です。偶然の配置では、大まかに組織文化とのフィット感は、「主観的に」判断できても、むしろ過去の延長線上での判断が強くなるのではないかと思います。

最近では、面接をＡＩに委ねるといった、ＡＩを過度に信じた未来的な事例を耳にしますが、「過去の採用が未来にも通用する」という余程の確信がない限り、お勧めしません。

現在の採用業務は、オンライン化することで、これまでブラックボックスだった面接はホワイトボックス化されます。マーケティングや製造の業務から数十年遅ればせながら、業務精度を高める改善サイクルを回し始めることができるようになります。同時に別の場所で違う面接官が面接ルームに入ることもできれば、録画保存しておけば後日、その内容を別の評価者が確認することもできるわけです。

そうすることで、面接官だけの評価ではなく、複数者で評価ができるようになります。体験スコアが低い面接が出てきた場合は、面接内容を後追いで確認し、面接官との相性が悪いがゆえにうまく行かなかった優秀な人材のフォローも可能になります。

ただ、数千時間かけて面接動画をチェックするわけにはいきませんので、ＡＩの解釈を入れることによって、面接と評価をサポートすることができるようになります。高度なデジタル採用における面接コミュニケーションが実現できるのです。

一部の先進的な企業は、ＣＸ（Candidate Experience）という求職者の体験を重視しています。このスコアを向上するためのガイドラインやトレーニングに力を入れています。

求職者にリラックスできる体験を提供して、本音を話してもらえる状況を整えなくては、人物の理解や評価がままなりません。

人となりがわかったうえで、これから共に働くべき仲間なのかどうかをしっかりと相互に確認していくというのが正しいスタンスだと思います。本人が緊張してあまり話せなかったものを査定してもあまり意味がないのです。

これまで真面目なだけに査定だけに集中して、リアルな本人をほとんど直視できていなかったような面接官もいます。本音をうまく引き出せない面接官も少なくありません。その結果、求職者が伝えたかったことがうまく伝わらないということも大いにあり得るわけです。そのため、その面接で求職者は本音がきちんと話せていたのか、想いを伝えることができたのかというところをコミュニケーション動画から解釈できるシステムを開発しています。お互いの意図や気持ちが「実際にどの程度伝わったのか、伝わらなかったのか」という、体験値が可視化されることによってわかったら、これはすごいことだと思います。その結果、体験のいい面接を増やすこともできるようになります。それが、私たちの目的です。

多くの大企業においては、無難さやバランスのよさが求められます。組織から、はみ出しにくい人材が選ばれがちです。新卒採用では、そもそもイノベーション人材は落とされてしまう傾向がありそうです。大量の求職者をさばいていくために起こる弊害でもあります。お行儀のいい人が選考に残り、採用されやすい傾向になりやすいということです。

そうした傾向は中途採用にもあります。秀でた能力や希少なスキル、実績を持つ人材を、一般的な人材が評価することができません。そのため、皆が好感を持つならば採用、好感を持ちにくいならば不採用という無意識のバイアスが反映された結果になりやすいのです。

ただ「全体的にいいと言われるものは、何もよくない」といわれるように、膨大な時間とコストをかけて、無難な採用判断を行っている可能性さえあるのです。

イノベーション人材だけでなく、エキスパートというのは尖っている分、無難ではない。そういう人たちの採用に舵を切るのであれば、皆から見て無難だという人を採るのではなく、ちょっと感情的には引っ掛かりがあるものの、能力を感じるような人たちをきちんと評価する必要もあります。評価をするということに対する知識、経験、スキルというものには、なかなか難しいものがあるにもかかわらず、若手が簡単に評価を担うというのは、本当はかなり乱暴なことなのではないでしょうか。

そこを、AIを活用することで、よりよい時間にしていきたいのです。面接にテクノロジーを駆使すれば、実際に出会う面接時間を査定の時間にするのではなく、よりよく相手のことを知るコミュニケーションの時間にすることができます。現場ではヒヤリングをして対話をしていく。相手から欲しい情報を引き出すことを主とします。

その情報を用いて、評価のスキルを持った人が別室で、AIの力を借りながら公平かつ効率的に評価していけばいい。1万回のコミュニケーション面接があって、その情報が全部評価者に集約されて、評価者が評価をしていくといった業務オペレーションの大幅なトランスフォーメーションも視野に入れるべきでしょう。

同じ求職者が面接官によって合格にも、不合格にもなる

2020年2月、「#メンココ（面接を、ここから）」というオンライン模擬面接のイベントを行いました。これから本選考に向かう学生100名と、大企業の面接官に集まって

いただき、面接トレーニングを実施してもらい、ＡＩが学生と面接官の一人ひとりにフィードバックするというイベントです。

ちょうどその直後にオンライン面接が常態化しましたので、結果としてとてもタイムリーな実験となり、出席者にとってはいい練習になったと思います。

さて、仕組みですが、面接の裏側で求職者側の緊張やリラックスといった感情がリアルタイムにどのように動いたかをＡＩで計測しました。

その実験でわかったことは、同じ求職者でも評価者によって合否が分かれる。その理由は、評価者の引き出し方がうまいかどうかにかかっている。そのうまいか下手かで雲泥の差が出るということでした。

求職者にはそれぞれ、評価者を変えて2度面接を受けてもらいました。これを比較することによって、今の、あるいは最初の面接の求職者体験が良かったか悪かったかが明らかになるわけです。良い体験の場合は本音がしゃべれて、評価も合格。一方、査定だけされて、「はい」「いいえ」とただ答えただけの面接の場合は体験が悪く、しかも不合格でした。

面接官が「相手に向き合えているるか？」という意味でいえば、最初から査定をしているような面接は、実質、相手が何もしゃべってくれていないので、向き合えておらず、結果、何も引き出せていないのです。応募が数万あるなかで出会えるきっかけを得て、お互いが貴重な時間を使って出会ったにもかかわらず、求職者が何もしゃべれなかった面接があるというのはすごくもったいないことではないでしょうか。

このイベントの一番のテーマは、面接に不慣れな学生や面接官に、面接を練習してもらい、本人らしいコミュニケーションを行ってもらうことでした。さらに、そうした練習を通じて、どうすれば求職者である学生の体験が良くなって心を開いてくれるのかを検証するというテーマを持って臨みました。その結果、なんと、面接官として査定業務を真面目に遂行しようとするほ

〈図表12：初級面接官のケース〉

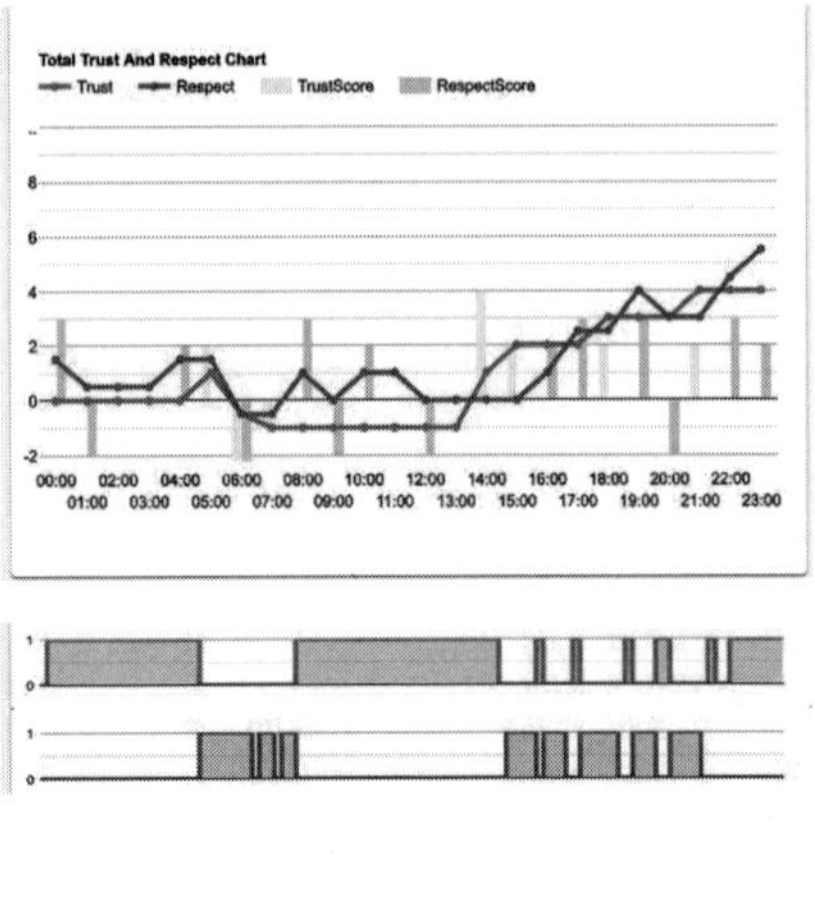

面接官発話

求職者発話

ど、求職者の面接体験を損なう傾向があることがわかりました。

　数字上、求職者が一番心を開いてくれた面接を私たちは「おとうちゃん面接」と名付けました。求職者にとって親しみ深い接し方を旨としていたからです。言葉遣いも気軽な会話という雰囲気を重視していました。そうすることで、学生側は心を開いて、少しは緊張しながらも一所懸命にしゃべってくれました。確認したいことは、質問責めにするのではなく、丁寧に、たとえ話や自分の経験を持ち出すなどで、より深い話を引き出していきました。

　たとえば、とても頑張り屋で優秀なある学生の場合、自己PRがうまくないために、

〈図表13：熟練面接官のケース〉

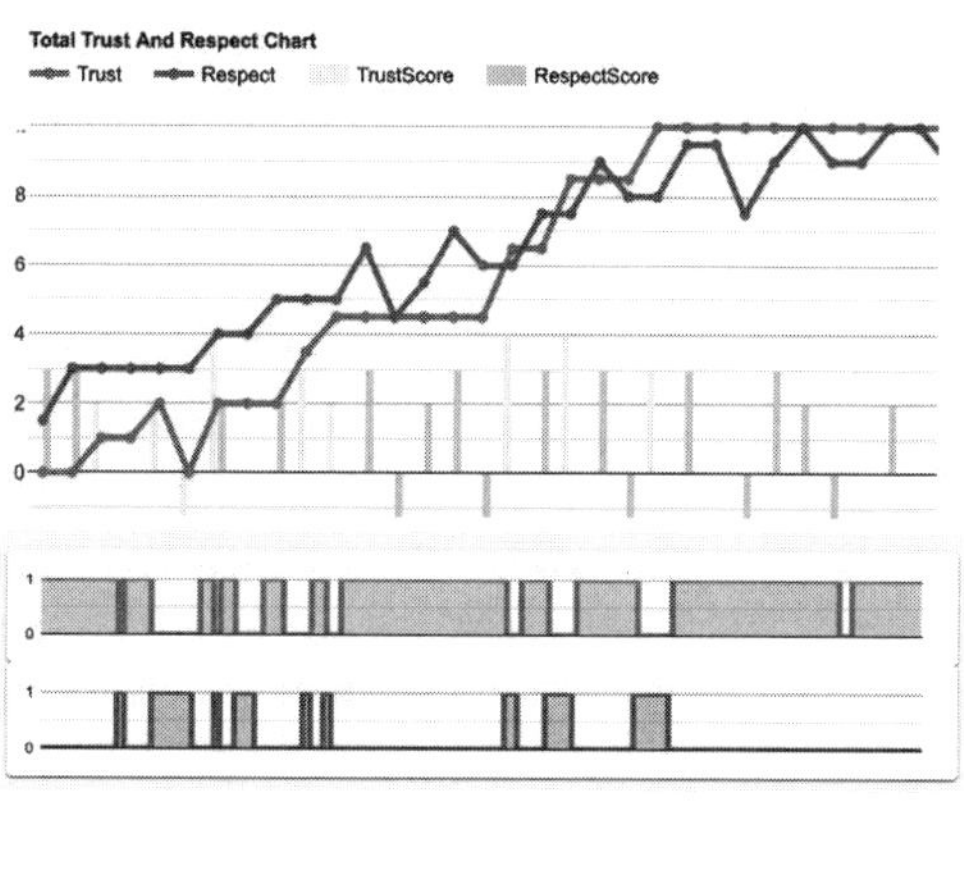

査定型の面接官には、大切な学生時代のエピソードを話すことができなかったのですが、「おとうちゃん面接」官はうまく、そうしたエピソードも引き出すことができていました。

その学生は、前者の面接では不合格とされましたが、後者では合格でした。

図表12が不合格を出した際の面接の結果データ（初級面接官のケース）で、図表13が合格を出した際のデータ（熟練面接官のケース）です。

2本のチャートは、信頼と尊敬の度合いを表しています。信頼チャートのゲージはリラックスしているかどうかを表す、安心に近い指標です。尊敬チャートのゲージは、集中の度合いを表しています。

前者を分析すると、面接官の前振りが長すぎで、その結果、求職者の自己PRが盛り上がっていない。その後、面接官が質問攻めにして、ほとんど回答のチャンスを与えていない。後半は対話になっていますが、不合格になっています。ペンを置いた瞬間にリラックスゲージが上がって、対話ができたのですが、実はここはもう雑談なのです。それまでは集中もできていなければリラックスもできていない状態が続きました。面接官のしゃべりに圧倒されたままで、緊張状態のままイエス、ノーの回答をして、結果、不合格になってしまったのです。

熟練面接官の方はどうでしょうか。まず面接官が素早く笑顔で場をつくったことで、まだ求職者はリラックスはできていませんが、すぐに集中はできています。そこから「話してみて」と仕向けて話をさせている。とはいっても、相手に時間を与えてただ聞いているのではなく、しっかりと対話をしている。合いの手を入れて、話を促しています。結構長い時間をかけて対話を仕掛け、情報を引き出し、深い質問をしていました。ここまでで自己PRが終わって、その後で面接官中心で話している時間があるのですが、やっぱり集中のゲージもリラックスのゲージも上がったままなのです。そのために、求職者も本音を語ることができ、本当に辛かったことや、その努力の一番のポイントになったことまで話すことができました。これで合格だったのです。実際、誰が見ても合格の求職者でした。

面接というのはそもそも求職者が圧倒される場所です。そこは社会人としての先輩であり、その場では強い立場にいる面接官がリードしてあげなくてはいけないでしょう。不合格にした面接官は実際にはほとんど手元の書類ばかりを見ていました。これまで、こうした部分はどうしてもブラックボックスだったのですが、オンライン化で確認ができるようになったわけです。デジタル化でゲージ化ができ、その場にいない人も確認ができるようになりました。

その結果、どういう面接がいい面接なのかということがわかることで体系化ができるとともに、その学生を不合格にした面接官が、もう一方の結果を聞けば、反省点が見えてくるはずで、つまりは面接官を育てることにもつながるわけです。

ちなみに、この実験についての学生側の反応は大変よかったです。SNSでの反響もありました。

この模擬面接を通じて、面接官が査定に集中してしまうと求職者の緊張が全くほぐれず、自己PRがうまくできずに不合格で終わる面接があることがわかりました。一方で引き出し上手な面接官は、本当に本音を引き出すことができるということも確認できました。これは、今までブラックボックスで介入が困難だったところですが、今後は改善することもできるようになると期待しています。その意味で、面接現場の可視化というアプローチは極めて重要になってくるのではないかと思っています。

あるいは、全体を通して面接の体験スコアをつけていましたが、面接官がある程度リードしてくれている、発話割合が求職者よりも明らかに多いほうが、求職者の満足は高いということもわかりました。面接官の自己開示を聞けて、巧みにリードしてもらった方が求職者の体験がよく、安心して本音が語れる環境になる可能性が高いということです。そうした、アナログなアプローチでは特定できなかった傾向がデジタル時代にはさらに解明されていく期待があるわけです。

この模擬面接は3月の段階だったので、学生が面接慣れしていないということもあったかもしれません。その状態でも、しっかりと本音を引き出してあげることができる面接が本来は求められているのではないでしょうか。

ZIGAN（慈眼）というAIエンジンの開発に込めた想い

私たちは、自社開発したAIエンジンのことをZIGAN（慈眼）と名付けています。慈眼とは、「慈しみの眼を持って人を見れば、海のように幸せが溢れる」という意味です。

ZIGANを開発したエンジニアは、人事や採用業務の経験がありました。そして、「せっかく、1時間という互いに貴重な時間をかけて面接するならば、出会ってよかったと互いに思える時間になってほしい」というのが彼の想いでした。彼が採用担当だった頃、充実した面接にならなかった場合は、電話でフォローしたり、他の社員に協力を求めたりして、応募してくれたことへの感謝と敬意を、必ず行動で示していました。採用業務ですから、合格・不合格という結果はつきものですが、不合格の方にも、「応募してよかった」と思ってもらえることを目指していたほどです。

しかし、面接という場は、査定という特性から、本人らしさを発揮するより、評価される規定演技を行う場になってしまっており、面接の攻略本などという、面接をしのげればよしとするありさまです。真面目に面接業務に従事する方々は、査定に集中して、本人を見ていない状況が生まれてしまっています。

また、人気のある大手企業などには、膨大な応募があります。すべての応募者や求職者への配慮や敬意を持っている人事担当者や面接官は少なくありませんが、多忙を極める人事担当者、そして働き方改革により、時間制限があるなか面接業務に励む社員に、敬意を持つべきでしょう。採用の業務に関わるすべての人にとって、面接の場が素晴らしい体験になるならば、それは願わしいことだと思います。

ZIGANを開発したエンジニアは、そうした面接をサポートするためのAIを開発したいという想いを強くしました。

そして、日本人ならではの心、思いやりを持った技術開発をしていきたい。慈しみをもって人と接すれば、きっと幸せがあふれ出していくはずだ。そうしたコンセプトで、全社一丸となってこのＡＩエンジンを開発したのです。

もう一つ、重視したことがＡＩの説明責任でした。ＡＩが判断するのではなく、あくまでも人事担当者が責任をもって判断を下すための的確な材料を提供する。担当者はその助言を参考にすることで、人の持つバイアスを克服し、より公平な判断が短時間でできるようになるはずです。

使い手となる担当者の方々と密接なコミュニケーションをとりながら、このエンジンの開発を進めてきました。

このプロジェクトは、開発者と使い手である企業の人事担当者が互いに手を取り合って、あるべき未来の姿を取り戻すための一つの試みです。

こうしたプロジェクトが、さまざまな場所で、１００も２００も生まれてほしいと願っています。私たちの取り組みがそのための試金石となれれば、素敵なことだと思います。

この章のまとめ

- 私たちの目的は、人事領域における「人とAIの調和」を実現することによって、人事がこれまで以上に社会の財産である人に資する採用が行えるようになること
- 重要なキーワードの一つは、大変な時間を掛けたあげく、平均しても内定率1割5分という学生にとって「メリットのある取り組みにする」こと
- 人事担当者の効率化ニーズを満たすことは当然重要だが、そのことによって人と真摯に向き合えない状況を生むことは本末転倒
- AIを活用すれば、面接を査定ではなく、コミュニケーションの場に変えられる
- 求職者の動画や表情解析から、学力や能力以外の情報を得ることで、人事はより公平かつ的確な採用判断ができるようになる
- AIによる的確なコミュニケーションのサポート機能によって、面接官の資質や経験の差を埋めることができる

終章

いつの時代も、今の大人が社会をつくり、未来へ紡ぐ

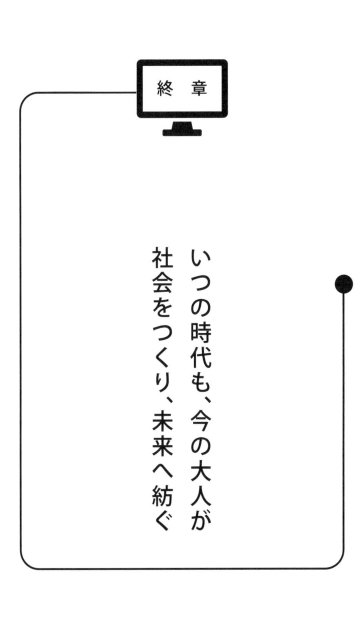

「人とＡＩの調和」とは、人の不完全さを許容すること

人ができることをＡＩに代替するのではなく、「人がやりたくても、できなかったこと」に着目してＡＩに支援してもらうことで、より良い会社づくり、社会づくりに貢献すること。これが「人とＡＩの調和」という開発目標です。開発者と利用者が、互いに手を取り合い、一緒にＡＩテクノロジーの社会実装を手掛けていくことが、ますます重要になっていくと思います。

この数年で、企業のさまざまな業務でもＡＩの活用、実用化が進んできました。ＡＩの開発者、提供者としては嬉しいことです。しかし、ユーザー側は、今までの業務の不都合を、短期間に、安く改善・改良することを要求されることが多い状況です。じっくりヒアリングをしてみると、これ以上の改善が必要ないくらい、人が考えうる対応・努力をやり尽くしているケースが少なくありません。

その一方で、過去からの慣習や前提を疑うことなく、むしろ正しいと過信していると感じる場面にも頻繁に出くわします。たとえば、「人は他者を正しく評価できる」という前

提です。評価者をトレーニングし、ガイドラインを設け、評価者の人選を行い、現場に託すことで、公平な評価が成されるという信念は素晴らしいことです。過去の前提では、これ以上ない知恵と努力の結集した評価手法、運用だと思います。しかし、実際に評価結果をデータ分析してみると、ランダムに近い状態や、時期による大きな偏り、無意識の偏見(アンコンシャス・バイアス)が明らかになるケースが散見されます。

人、つまりは人間という仕組みには、不完全さがあり、想定することを予定調和的に遂行するだけでも、さまざまなエラーが生じるという、当たり前の大前提に立ち返ることが、AIとの共生において、とても大切な視点になると考えています。

自分にも、他者にも、人には感情があり、偏見があり、固定観念があります。また、過去からの慣習や成功の記憶から、「こうすればうまくいく(うまくいかない)」というメンタルモデル(思い込み)が出来上がっています。人の経験の蓄積、文化の形成過程によって、千差万別である思考や記憶や感情や共感の連鎖は、目に見えにくいものの、確実にその場、その会社、そのチームに存在します。旧来の人事やマネジメントは、この見えない部分が確実にある人間の内側の事象と、上手に付き合ってきたと思います。

しかし、今や変化を前提とする時代背景にあります。過去における暗黙の常識ほど、環境への対応や適応を阻むものはありません。目に見えない確かな人間の内面、関係性に着目したマネジメント手法が求められています。経営環境の変化に、戦略や組織だけでなく、所属する人や関係性そのものが適応していく必要があるためです。ハーバード大のロナルド・ハイフェッツ教授は、組織の問題を「技術的問題」と「適応課題」に分類して説明しました。技術的問題とは、すでに解決策がわかっていて、高度な専門知識や既存の知識・構造によって解決可能な問題です。対して適応課題とは、人々の優先事項や信念、習慣を変えなければ対処できない問題です。一方的な解決が行えず、相手ありきの関係性に向き合い、自分との関係を変えていくことが求められます。

これは、まさに人事の専門領域といえます。そして、人事とテクノロジーに関する最大の論点が、人類が組織を発明して以来、人の不完全さから解決を諦めてきた人と人の関係性、つまり人間関係ではないかと思っています。非常に厄介な問題ですが、人とテクノロジーの共生によって、ようやくその命題を解決できるときが来たのだと考えています。

人と人のパワーバランスが見えて、わかるようになれば、パワーハラスメントの抑制やエンパワーメントに対する具体的な方法論も開発されるでしょう。ＡＩの力を借りて、人の感情やストレスを理解できれば、より人間らしく生産性や創造性の高い職場づくりに貢献できると思います。信頼や尊敬できる関係性を学習できれば、大きな課題に挑めるチームを世の中にたくさん増やすことができるかもしれません。

人は社会的な動物です。安心できて、信頼できる関係性があれば、自らの能力を最大限に発揮しやすくなると思うのです。

たとえば学生時代、私は居酒屋のアルバイトに心底熱中していました。毎日、毎日、ホールスタッフとしてお客さんの前に立ち続けていました。自慢の焼き鳥を、お客さんのテーブルに届けることが楽しくて、誇らしくて、1本の串を届けるたびに、大好きなお客さんの人生に関われる機会をいただけていることを実感していました。お客さんの手元の串がなくなる（食べ終わる）瞬間に、次の串をお届けできるよう、必死になって焼き場や調理場の仲間と連携しあいました。初デートのカップルであれば、互いを知るきっかけをつくったり、職場の同僚であれば、仕事の話に集中できるようにしたり、ご家族であれば、思い出に残るような時間になるように、その一瞬、一瞬を真剣に働きました。あまりに熱中していて、半年前に一度だけご来店いただいたお客さんの座った席や、食べたメニューを記憶していたほどです。もう無心になって、その時を過ごしていました。

報酬といえば、最低賃金に近い時給でした。学費や家賃や食費など、必要最低限のお金は確保できましたが、経済的な余裕は全くありませんでした。

ただ、何の心配もありませんでした。困ったときは、いつも誰かが手を差し伸べてくれました。近所の定食屋でも、ラーメン屋でも、カラオケ屋でも、飲み屋でも、いつもそこには心許せる知り合いがいて、快く受け入れてくれました。お腹がすいていたら、先輩方がご馳走してくれました。何かあるたびに、親しい知人がご自宅に招いてくれたので、コミュニティに所属している安心感がありました。

ただただ、アルバイトを頑張っている学生でしたが、たくさんの方に大切にしてもらい、何の心配もなく、安心して暮らし、働くことができました。お金はまったくありませんでしたが、とても豊かでした。

現代社会は、経済性によって価値づけされやすい

現代社会を、「経済資本」「社会関係資本」「文化資本」という3つの資本で整理するならば、資本主義の社会には、貨幣という世界共通の指標を持つ「経済資本」が目的になりやすいという構造があります。GDP（国内総生産）も、国家予算も、企業の売上や利益も、すべて貨幣の単位によって等しく経済性を評価されています。

一方、人と人のつながりを意味する「社会関係資本」や、個人の能力や職人の稀有な技能などを意味する「文化資本」には、定量化の指標がありません。だから、貨幣に価値換算しやすい側面ばかりが取り上げられます。

ビジネスパーソンの「人脈」や、履歴書に記載する「資格」などは、わかりやすく経済性につながる「社会関係資本」「文化資本」だといえます。しかし、災害のときに手を差し伸べてくれるご近所さんや、人の感動を生み出す職人や芸術家の技、そういった存在が社会を支えています。

問題は、経済性に紐付けられない「社会関係資本」「文化資本」こそ、豊かさの源であるにもかかわらず、重要視されないことです。経済活動を行う企業組織においては、なおさら関心の対象外となり、貨幣価値に紐付かないから無価値という安直な傾向さえあります。さらには、経済性の追求を続ける企業活動に、テクノロジーの加速度が加えられるならば、より一層、人々の関係が希薄になる方向に向かう懸念があります。

「経済資本」の指標である貨幣、その概念があるから今の社会が成り立っています。貨幣があり、金融の仕組みがあるから、時空間を超えた取引が可能になり、皆で働き、皆で報酬を得るような組織が成立しているのだと思います。

そして、貨幣とは信用です。信じて用いるためのしるしであり、用いられる側が、信じるに値することを証明することが原則です。これだけの実績があるからいくら、築何年だからいくら、相場と比較していくら、というように、信じるための証拠によって価値が決まります。重要な視点は、信じる側（用いる側）が楽である仕組みであるということです。だから、見ず知らずの人を信じることができるし、時空間を超えて手元にきた食べ物、書物、文化などを安心して買うことができます。良くも悪くも、この貨幣によって価値づけされやすいのが、現代社会だと思います。

企業の大規模化が崩してきた、大切なこと

人類は、組織を発明したことで文明を生み出し、マネジメントを発明したことで、大規模で高度な組織運営を実現してきました。この巨大な組織は、所属する人を能力と役割によって管理します。人と人のつながりを不要とは言いませんが、つながりがあればモチベーションが維持できる、生産性が維持できるといった組織運営上の必要事項ではなくなりました。

また、大規模な企業組織の存在によって、近代化、工業化、情報化という流れが加速しました。そして、雇用と娯楽の多い都市部に人口が集中しました。都市化は、地方経済とローカルコミュニティを崩しました。それらを支えてきた労働者は減少し、都市部の非正規労働者が増加し続けています。

こうした流れは、貨幣価値によって評価される「経済性」を合理的に追求してきた結果としての社会のあり方です。高度な組織化、都市化が崩してきたものは、人と人の絆によるつながりではないかと思います。

絆とは信頼です。母親が我が子を信じるときに、理屈はありません。ただ信じる。同じ「信じる」という行為ですが、信用は信じられる側の問題であり、信頼は信じる側の問題です。

信じるときに、相手の問題にしておくことは、とても楽なことです。しかし、相手がどうであれ信じてみること、これが絆を育み、つながりを生み出します。地域に存在してきたコミュニティは、人の絆こそが基盤でした。都市部の生活では、この絆を感じにくくなっているのではないでしょうか。これが世界中で起きている出来事だと思います。

経済性に偏り過ぎた資本主義は、ほころび始めており、大きな転換点にあるようです。ESGの投資額は年々増加しており、機関投資家の責任投資原則（PRI）の署名機関数は3000を超え、その資産運用残高は1京円を上回ります。SDGs（持続可能な開発目標）は、政府や企業に広く受け入れられるようになりました。あらゆる企業において、経済性と社会性は、その両立が大きなテーマになっています。

人の知性は、まだ解き放たれていない

どうして豊かさを目指してきたはずの社会が分断され、絆を感じにくい社会になったのか。これは、経済性への偏重という漠然とした理由で納得できる問題ではありません。私

は、「人の発達」に着目することが大事ではないかと考えています。

旧来、人の知性は20代を境に発達が止まるという考え方が一般的でしたが、人の脳は生涯を通じて適応する能力があることが明らかになり、脳科学や心理学の進歩とともに、人の知性は、大人になっても発達することがわかってきました。

着目すべきは、どの発達段階の理論や調査結果を見ても、最終段階に至る比率は1割未満だということです。たとえば、ロバート・キーガン博士の提唱する成人発達理論では、その最終段階「自己変容・相互発達段階」と呼ばれる成人人口は1％未満といわれます。また、ティール組織の原型をつくった思想家ケン・ウィルバーのインテグラル理論において、統合的（ティール）、全体的（ターコイズ）という最終段階の人口は1・1％だと書かれています。

また、キーガン博士は、知性（マインド）の発達を①環境順応型知性、②自己主導型知性、③自己変容型知性という3段階に分類していますが、学習によって導き、多面的な視点と矛盾を受け入れる能力に至る③自己変容型知性のリーダーは、企業トップに20％、ミドルマネジメントでは5％という結果でした。どうやら、経済活動とその結果としての社会を導く要職にいるリーダーの9割近くが、②自己主導型知性の段階であり、自らの価値観やメンタルモデル（思い込み）によって、人や組織を率いている状況があるようです。このような状況では、常識という大前提から変わり続ける経営環境、社会環境への適応に課題が生じてしまいます。

この最終段階とは、悟りのようなものかもしれません。現代のリーダーは、経済性偏重の価値観とメンタルモデル（思い込み）に基づいて組織を運営している状況が推察されます。組織の舵取りをする方が、20世紀型の行動原理（経済性偏重）に基づいて判断・行動をするならば、まだまだ経済性への暴走は続き、絆を感じにくい社会は根深くなっていくことでしょう。

21世紀の行動原理（経済性・テクノロジー・社会性の複合原理）への転換は、基調的な流れだと捉えています。そのため、現代のリーダーの価値観とメンタルモデル（思い込み）を踏み込んで変えなければ、この根底的な環境変化に適合できなくなります。企業は、組織の要職ポジションを一新するか、大人が生涯発達する仕組みやプロセスを整備することが重要な課題になってくると思います。

硬直した価値観に基づき組織を運営するリーダーから、人間性や知性の発達度合いが高く、学習しながら適応できるリーダーへの転換について、経営や人事は真剣に考える必要があります。

どんな社会をつくり、未来につなげるか

「人とＡＩが調和」する社会、経営、人事をデザインするという課題こそが、現代の重要なテーマであり、人事という役割こそが、人間中心のデジタル・トランスフォーメーションの主役になると本書を通じてお伝えしてきました。

現在の経営や組織、人事システムは、人の性能限界を超えないように設計されています。人の生物的な能力に依存した組織や制度、業務の設計は今後、テクノロジー共存の時代においてはすべて再構築の対象になっていきます。

日々の営みの中で、人が自然と認識・把握・処理できる情報量はごく一部にすぎません。むしろ、人は、過去の学習と記憶を優先して、積極的に負荷を軽減し、思考を簡略化するヒューリスティクスがあるといわれています。実際に起こるアナログの事象を、人は完全に処理できません。人とテクノロジーの共存する社会では、この人の不完全さが補われ、

関係性の問題からくるさまざまな悲劇が繰り返されない新たな社会を築くことができると考えています。

人間関係からくる限度を超えたストレスや、同調圧力、ハラスメントや精神疾患の問題は、人の不完全さをＡＩが補うことで解決できるようになるでしょう。テクノロジーの進化は、まだ解明されていない人間自体の理解を深めることができるようになります。この未踏領域の社会デザインを手掛けることができるようになる機会を与えてくれます。

人とＡＩの調和、共生により、この人の不完全さからくるあらゆる社会問題を解決し、真の意味で、あらゆる個人が、自らの能力のすべてを発揮できる社会が実現できるならば、素晴らしいことではないでしょうか。

ビジョンを示し、ボーダレスに英智と才能を集め、組織を率いるというリーダーシップは、もはや起業家や経営者の専売特許ではありません。どんな立場であっても、現代社会に問われる共通課題や社会課題を発見し、ビジョンを具体化することで、社内外との「つながり」をつくることは可能です。

また、現代企業の目的は、気候変動や異常気象、貧困や差別、戦争をはじめとする社会を破壊するさまざまな社会課題への対応にシフトしていきます。すべての人にテクノロジー共存の便益を提供し、人のバイアスを超えて人と人の絆を育む仕事は、人事が手掛けるべき社会課題です。その根本は、人と誠実に向き合い、人の社会参加を支え、つながりをつくるという、日本人らしい人事の姿にこそヒントがあります。

崩された関係性を修復し不安から失われてきた人間性を回復する。人と人の絆には、その力があると信じます。安心できるからこそ、人は活き、その潜在的な力を発揮できるようになります。人のつながりからこそ、新たなイノベーションの種が育まれます。

誰しも、未来を暗くするために技術を磨き、発展を促そうとしているわけではありません。私はこれからのテクノロジー共存時代が明るいものになると信じています。

終章のまとめ

- 人間の内側、関係性に着目したマネジメントが求められている
- 目に見える「経済資本」が重視されるが、重要なのは「文化資本」、そして「社会関係資本」である
- 人とAIの調和により、真の意味であらゆる個人が能力を発揮できる社会を実現したい
- その仕事こそ、人事が手掛けるべき社会課題だ
- 暗い未来を目指す人はいない。「人事」はテクノロジー共存時代を明るく照らす鍵となる

おわりに

本書では、企業人事のこれからの役割を中心に置いて、社会と企業、ＡＩを中心としたテクノロジーのこれからのより良き関係性について考察してきました。

幾何級数的に技術が進化し、社会のありようは短期間で大きく変貌しました。コロナ禍というパンデミックが、その変化に別の角度から拍車を掛けました。社会も企業も個々人も、大きな打撃を受け、さまざまな常識も覆されています。

こうした状況下では、ニューノーマル（新常態）にいち早く適応した者だけが生き残ることができます。そのことの重要性を強調したいために、既存の社会や企業の仕組みに対する辛口の評価もしてきましたが、もちろんこれは、過去を否定するということではありません。その時代、時代で人類は努力を積み重ねてきました。企業システムも変貌してきました。ただ、必要以上に変化に抗い続けてしまった生物も企業も、それでは生き残れなかったという歴史的事実があります。

だからこそ、これまで時代や社会を牽引してきた先達に心からの敬意を払い、また感謝しつつ、変わるべきところは変わる努力をしていきたいと思うのです。

そのための一つの重要なファクターがＡＩだと思っています。ＡＩ自体が意識して人の仕事を奪うなどということは決してありません。それはひとえに使い手の問題なのです。ＡＩは、社会をより良きものに変えるために使いこなすべき最重要の道具なのです。その過程で、これまでとは違う形に進化する仕事のやり方もあるわけです。

ＡＩを最適な道具として使いこなしていくことができれば、私たちはさまざまな局面でよりよい働き方ができ、社会への関与の仕方も高度化できると思っています。可能性が広がるのです。

私たちはＡＩテクノロジーを活用したＷＥＢ面接サービスをはじめとして、人事領域を中心に人と企業が全機現できる社会の実現を目指しています。

大企業人事が中心となって、企業の組織がサイロ化することなく、社内、グループ内はもとより、社会とのつながりをもって自立的に成長して活躍していく、そのための絆づくりに邁進する。企業機能のソフト面を重視していく。そのための重要なツールとして、説明責任を果たすＡＩを導入することを推進しています。

私たち社会人の意識が変わり、前向きになることで、未来はより明るいものになるはずです。行動が変わることで、この世界をよりよくできるはずです。

その先頭に立つべきなのが、大企業であり、人事であるべきだと私たちは思うのです。もちろん、私たち作り手も、そのための最大限の努力をこれからも続けていきたいと思います。

AI を使う人事　AI に使われる人事
テクノロジー共存時代の新バイブル

発行日　2021 年 6 月 18 日　第 1 刷

Author　石丸　晋平
Book Designer　krran(西垂水敦・松山千尋)(カバーデザイン)
後藤和実 (本文デザイン、DTP)

発　行　ディスカヴァービジネスパブリッシング
発　売　株式会社ディスカヴァー・トゥエンティワン
〒 102-0093　東京都千代田区平河町 2-16-1 平河町森タワー 11F
TEL　03-3237-8321 (代表) 03-3237-8345 (営業)　FAX　03-3237-8323
https://d21.co.jp/

Publisher　谷口奈緒美
Editor　藤田浩芳　村尾純司 (編集協力：赤城稔)

Business Solution Company　蛯原昇　安永智洋　志摩晃司　早水真吾　野﨑竜海　野中保奈美　野村美紀　林秀樹　三角真穂　南健一　村尾純司

Store Sales Company　梅本翔太　飯田智樹　古矢薫　佐藤昌幸　青木翔平　小木曽礼丈　小山怜那　川本寛子　佐竹祐哉　佐藤淳基　竹内大貴　直林実咲　野村美空　廣内悠理　高原未来子　井澤徳子　藤井かおり　藤井多穂子　町田加奈子

Online Sales Company　三輪真也　榊原僚　磯部隆　伊東佑真　川島理　高橋雛乃　滝口景太郎　宮田有利子　石橋佐知子

Product Company　大山聡子　大竹朝子　岡本典子　小関勝則　千葉正幸　原典宏　藤田浩芳　王廳　小田木もも　倉田華　佐々木玲奈　佐藤サラ圭　志摩麻衣　杉田彰子　辰巳佳衣　谷中卓　橋本莉奈　牧野類　三谷祐一　元木優子　安永姫菜　山中麻吏　渡辺基志　小石亜季　伊藤香　葛目美枝子　鈴木洋子　畑野衣見

Ebook Company　松原史与志　中島俊平　越野志絵良　斎藤悠人　庄司知世　西川なつか　小田孝文　中澤泰宏

Corporate Design Group　大星多聞　堀部直人　岡村浩明　井筒浩　井上竜之介　奥田千晶　田中亜紀　福永友紀　山田諭志　池田望　石光まゆ子　齋藤朋子　福田章平　俵敬子　丸山香織　宮崎陽子　青木涼馬　岩城萌花　大竹美和　越智佳奈子　北村明友　副島杏南　田中真悠　田山礼真　津野主揮　永尾祐人　中西花　西方裕人　羽地夕夏　原田愛穂　平池輝　星明里　松川実夏　松ノ下直輝　八木眸

Proofreader　文字工房燦光
Printing　大日本印刷株式会社

ISBN 978-4-910286-04-4